Urs Schwarz
Zwischen Frieden und Krieg

Urs Schwarz

ZWISCHEN FRIEDEN UND KRIEG

». . . und uns nicht fürchten
vor der Macht der Menschen.«
Friedrich Schiller

Econ Verlag
Düsseldorf · Wien

1. Auflage 1981

Gesetzt aus der Palatino der Fa. Hell
Papier: Papierfabrik Schleipen GmbH, Bad Dürkheim
Gesamtherstellung: Bercker, Graphischer Betrieb, Kevelaer
Printed in Germany
ISBN 3 430 18214 X

»... und uns nicht fürchten
vor der Macht der Menschen.«
Friedrich Schiller

INHALTSÜBERSICHT

I
EIN MENSCHENALTER OHNE GROSSEN KRIEG

UNGEWISSHEIT UND ZWIESPALT

Unter den uns täglich zuströmenden Berichten nehmen die über die Bewaffnung der Nationen, über den Gebrauch von Waffen zwischen den Staaten, in inneren Auseinandersetzungen, in Kämpfen im Untergrund einen breiten Raum ein. Was man vom Arsenal zur thermonuklearen Massenvernichtung der Weltmächte vernimmt, hängt wie eine ferne Drohung über allem. Ein Netz von Unsicherheit scheint über die Welt gebreitet. Dabei geschieht alles im Namen der Sicherheit. Jede Nation erkauft sich auf ihre Weise Sicherheit – die Weltmächte durch das nukleare Gleichgewicht des Schreckens, die kleineren Nationen, indem sie auf dem Weltmarkt der Waffen das einkaufen, was einen Neider oder Feind von einem Angriff abhalten kann.

Jedem ist es klar, daß die auf solche Weise gesuchte Sicherheit nicht befriedigt und nicht das letzte Wort sein sollte. Der Ruf nach Rüstungsbeschränkung und Abrüstung begleitet die Aufrüstung und wird heute wieder deutlicher vernehmbar. Im Rahmen der mit der Konferenz für Sicherheit und Zusammenarbeit in Europa (KSZE) in Gang gesetzten Bewegungen, die wir den Helsinki-Prozeß nennen können, ist eine neue Welle von Versuchen, die Zahl und Arten der Waffen und die

Armeen zu vermindern, in Bewegung gesetzt. Die mit SALT II bezeichneten Abkommen zwischen der Sowjetunion und den Vereinigten Staaten über die Beschränkung der strategischen Waffen sind überholt; SALT III kann nicht auf sich warten lassen.

Sowohl der Flut der kriegerischen Vorbereitungen wie auch den Verhandlungen, die sich ihr entgegenstemmen, stehen die meisten Menschen ratlos gegenüber. Es ist schwierig, einen Überblick über die Kräfte zu gewinnen, welche die Frage Frieden oder Krieg entscheiden. Politische, geopolitische, psychologische, moralische, wirtschaftliche, strategische Faktoren spielen zusammen und gegeneinander. Es ist deshalb nur natürlich, wenn eine zwiespältige Haltung den Sicherheitsproblemen gegenüber vorherrscht: Einerseits sind wir von Sorge und Furcht erfüllt, die sich angesichts der Ungewißheiten in uns und um uns in Ängste verwandeln können. Anderseits sind wir auch fähig, im Schatten aller Bedrohungen so zu leben, wie wenn es sie nicht gäbe.

Manche Menschen sehen einem großen Krieg als unvermeidlich mit Fatalismus oder aber tief geängstigt entgegen; andere verdrängen den Gedanken an diese Möglichkeit aus ihrem Bewußtsein. Aber die meisten scheinen, wenn sie sich zu rationalen Urteilen zwingen, angesichts der zu vielen Waffen, die im Namen der Sicherheit in die Welt gesetzt werden, zu dem Schluß zu kommen, der Weg führe unausweichlich auf den dritten Weltkrieg zu. Vielleicht sei er noch fern, aber er warte doch im Dunkel der Zukunft. Zwiespalt herrscht auch in bezug auf die Rüstungsbeschränkung: Die Welle der Verhandlungen entspricht einem Wunsche der Regierenden und einer Sehnsucht der Völker, doch ist jeder überzeugt, solche neuen Bemühungen seien so aussichtslos wie alle früheren.

Die Menschen wären glücklicher und innerlich sicherer, wenn an Stelle des Zwiespalts in ihren Urteilen, Wünschen und Befürchtungen eine klare Einsicht treten würde. Unsere Aufgabe ist es deshalb, immer wieder solche Einsicht zu suchen. Niemand hat den vollen Überblick, den Schlüssel zu allem Wissen, das den Weg zur Gewißheit weisen würde. Aber viele Tatsachen liegen am Weg und müssen nur aufgegriffen werden. Man kann das, was zu erlangen ist, sammeln und sichten, und vielleicht wird dann das eine oder andere klarer, eindeutiger.

Wir wollen nun versuchen, die Elemente und Instrumente der Sicherheit, so wie sie von den für Frieden und Krieg zwischen den Völkern Verantwortlichen verstanden wird, im Überblick darzustellen. Wir werden dabei auch finden, daß oft die falschen Instrumente gewählt worden sind. Elemente und Instrumente sind durch die Vergangenheit geprägt, wandeln und erneuern sich in der Gegenwart, und da und dort erhaschen wir einen Blick auf den Weg, auf dem sie in die Zukunft wandern. Wir selber bewegen uns in ihrer Mitte auf dem schmalen Grat zwischen Frieden und Krieg.

SECHSUNDDREISSIG JAHRE FRIEDLOSEN FRIEDENS

Seit dem 2. September 1945, dem Tage, an dem Japan die Kapitulation unterzeichnete, ist ein Menschenalter verstrichen, in dem kein großer Krieg die Welt erschüttert hat. Für den historisch Gesinnten, dem die Kette der Kriege, die sich von 1815 bis 1945 spannt, bewußte Wirklichkeit ist, erscheint die heutige lange Zeit des Friedens als ein wahres Wunder.

Die wichtigsten Glieder in der tragischen Kette der

Ereignisse, die in so starkem Kontrast zum Frieden in unserer Zeit stehen, sollen hier nur andeutungsweise aufgezählt werden. Viele, ja unzählige örtliche kriegerische Verwicklungen, vor allem Kolonialkriege, bleiben ungenannt, obwohl sie zum Teil grausam und opferreich waren. Die großen Kriege aber waren: die Balkankriege von 1821 bis 1830, der Russisch-Türkische Krieg von 1828/1829, der Krimkrieg von 1853 bis 1856, die Italienischen Kriege von 1859 bis 1870, der Preußisch-Dänische Krieg von 1864, der Nordamerikanische Bürgerkrieg oder »Krieg zwischen den Staaten« von 1861 bis 1865, der Preußisch-Österreichische Krieg von 1866, der Deutsch-Französische Krieg 1870/1871, der Russisch-Türkische Krieg 1877/1878, der Amerikanisch-Spanische Krieg 1898, der Burenkrieg von 1899 bis 1902, der Russisch-Japanische Krieg 1904/1905, die Balkankriege von 1912 bis 1914, der Erste Weltkrieg von 1914 bis 1918, der Japanisch-Chinesische Krieg von 1937 bis 1945, der Krieg zwischen Bolivien und Paraguay von 1933 bis 1935, der Krieg Italiens gegen Abessinien von 1936, der Spanische Bürgerkrieg von 1936 bis 1939, der Zweite Weltkrieg von 1939 bis 1945. Das ist die Vorzeit aus der unsere Zeit wurde.

Als Folge des Zweiten Weltkriegs entstanden 1945 zwei antagonistische Weltmächte. Die früher maßgebenden europäischen Großmächte, von der Anstrengung geschwächt und bis ins Mark erschöpft, mußten in den Schatten zurücktreten. Ganz zwangsläufig kam es zu einer vereinfachenden globalen Definition dessen, was man Frieden nennen wollte: Friede herrscht, solange die beiden Weltmächte, die Vereinigten Staaten von Amerika und die Union Sozialistischer Sowjetrepubliken, nicht gegeneinander Krieg führen. Jeder Mensch weiß, daß im Rahmen dieses sogenannten Friedenszustandes fast unaufhörlich Kriege oder kleinere internationale bewaffnete Konflikte ihre Opfer fanden. Man schätzt die Zahl der Toten, die diese Kriege gefordert haben, auf über zwanzig Millionen. Von 1945 bis 1981 beträgt die Zahl der bewaffneten internationalen Auseinandersetzungen etwa 170. Nur die wenigsten von ihnen sind allerdings als »Kriege« im Sinne des traditionellen Völkerrechts bezeichnet worden. Die Zahl all dieser Konflikte kann nicht genau genannt werden, weil jeder Zählende die Ereignisse verschieden als Zwischenfälle oder Kriege oder Konfrontationen oder Interventionen einstufen kann. Vieles hängt auch davon ab, ob man verschiedene Phasen einer Auseinandersetzung als Einheit zusammenfaßt oder ob man sie einzeln betrachtet und zählt.

War der Friede – das Ausbleiben eines großen Krieges – zwischen der Sowjetunion und den Vereinigten Staaten wirklicher Friede? Gewiß nur in einem oberflächlichen Sinne. Denn an die Stelle der Kriegsallianz, die ja schon, als die Feindseligkeiten noch andauerten, von Krisen des Mißtrauens heimgesucht worden war, trat bald eine offene und schwere Spannung. Sie war vom Mißtrauen Moskaus gegen den Westen, von der immanenten Feindschaft gegen alles das, was dort »Kapitalismus« und »Imperialismus« genannt wird, verursacht. Die Gründe russischer Befürchtungen und russischen Mißtrauens sind bis zum Überdruß und zum Teil auch einleuchtend erklärt worden. Das Russische Reich war 1812, 1914, 1917 und 1941 von Westen her angegriffen worden. Daß die russischen Armeen 1794 an der Zertrümmerung Polens mitwirkten, in den folgenden zwanzig Jahren Westeuropa durchzogen, daß sie das ganze nördliche Asien in das größte Kolonialreich aller Zeiten verwandelten, wird allerdings dabei weniger erwähnt.

Die Atmosphäre von Mißtrauen, Angst, Verschwörertum, Terror, welche die russische Politik immer wieder umwittert hat, ist mit der tragischen Geschichte von traditionell unter despotischer Herrschaft stehenden Völkern verbunden. Eine nicht geringe Rolle in der Entstehung dieser Atmosphäre spielt die russische Seele, die wirkliche und vermeintliche Kenner mit so viel Einfühlung schildern und deren besondere Empfindsamkeit so vieles rechtfertigen soll. Es war keine Überraschung, daß Moskau am Ende des schrecklichen Krieges der Jahre 1941 bis 1945, im Besitz einer überwältigend starken und kriegserprobten Armee und im Angesicht von Verbündeten, die ausgeblutet waren oder wie Amerika an nichts anderes dachten als zu demobilisieren, die Gelegenheit ergriff, um Sicherheit für alle Zeiten zu erobern. Angesichts des in aller Form erklärten Anspruchs des Kommunismus auf Weltherrschaft konnte es auch nicht überraschen, daß Stalin sich das Sprungbrett für die Verwirklichung dieses Anspruchs schuf.

Bald entspann sich der politische Kampf um die Frage, wer das Vakuum, das durch die Niederlage des Deutschen Reiches in Mitteleuropa entstanden war, füllen werde. In diesem Kampf nun führte weniger die »russische Seele« als der eiserne Wille eines georgischen Diktators, der sich sowohl Rußland wie die von den Russen beherrschten Völker unterworfen hatte, das entscheidende Wort.

In der Frage der Behandlung Deutschlands, der osteuropäischen Staaten und auch in der Beurteilung der Lage in Ostasien zeigten sich tiefe Gegensätze. Der Widerstand Moskaus gegen die amerikanischen Vorschläge zur Internationalisierung der Nuklearenergie und Nukleartechnik, gegen den amerikanischen Plan zum Wiederaufbau Europas – den Marshallplan –, der ursprünglich auch die Sowjetunion und alle kleineren Staaten Osteuropas einbeziehen sollte, zeigte schon 1947 die Feindseligkeit des Ostens gegen den Westen.

Stalin steuerte das Ziel an, Deutschland nach sowjetischem Muster als Einheitsstaat mit Einheitspartei und zentral gelenkter Zwangswirtschaft wiederherzustellen. Damit wäre es dem Kommunismus ausgeliefert gewesen. Der Widerstand der Alliierten gegen diesen Plan schuf tiefste Erbitterung in Moskau.

In der Generalversammlung der Vereinten Nationen, die damals noch in Flushing Meadows nahe New York tagte, kam es in der Frage des Ausbaus und Stärkung der Weltsicherheitsorganisation zu unerhört heftigen Auseinandersetzungen. Nach dem Scheitern der Außenministerkonferenz der Alliierten, die im März und April 1947 in Moskau tagte, um die Grundlagen für einen Friedensvertrag für Deutschland zu legen, bemerkte der prominente Amerikaner Bernard Baruch – der Vater des Planes für die Internationalisierung der Atomenergie –, man befinde sich von jetzt an in einem »kalten Krieg«. Der Begriff »kalter Krieg« war geschaffen.

Nur wer die Wiedergabe der Debatten in den Vereinten Nationen in jener Zeit und in den folgenden Jahren liest oder hört und den Austausch von Beschuldigungen und Vorwürfen, wie er unter Staatsmännern vorher noch nie vorgekommen war, wer die von Haß und Beschimpfung strotzenden Pressestimmen aus Moskau kennt, kann ermessen, wie zutreffend der Ausdruck kalter Krieg war. Ähnlich wie nur das Wiederanhören oder Lesen der Reden Adolf Hitlers die Atmosphäre von Haß und Spannung heraufbeschwören kann, die in den Vorkriegsjahren herrschte, kann nur das Wiederbegegnen mit dem Wortlaut sowjetischer Erklärungen aus den Jahren 1947 bis 1955 einen wahren Eindruck von dem vermitteln, was als kalter Krieg bezeichnet wird. Erst 1955, im Anschluß an das Treffen der Regierungschefs der Sowjetunion, der Vereinigten Staaten, Großbritanniens und Frankreichs in Genf, verschwand die Maßlosigkeit der Sprache in den gegenseitigen Äußerungen aus dem Arsenal des kalten Krieges.

DER KALTE KRIEG

Zur Kriegführung gehören mindestens zwei feindliche Parteien. Die Westmächte, besonders Großbritannien mit seinem kraftvollen Außenminister Ernest Bevin, die Vereinigten Staaten von Amerika mit ihrem Staatssekretär General George Marshall, blieben der Sowjetunion und ihren gewandten Sprechern Wjatscheslaw Molotow und Andrej J. Wyschinskij nichts schuldig. Zum Kampf der Worte trat aber auch eine gefährliche Machtentfaltung, eine Konfrontation zwischen den Streitkräften beider Seiten.

Die bloße Aufzählung der Konfrontationen vermittelt schon ein Bild jener ungewöhnlichen Zeiten. Sie hilft uns, eine Grundlage zur Beantwortung der Frage zu finden, ob denn damals überhaupt Friede herrschte. Sich an jene Zeit zu erinnern ist wichtig, nicht um alte Wunden aufzureißen. Wir müssen die Frage beantworten, ob ein Zustand dieser Art, ob wir ihn Frieden nennen oder nicht, jahrzehntelang dauern kann. Wir wollen ja abklären, ob es wieder zum heißen Krieg kommen könnte oder kommen muß oder ob diese Katastrophe abgewendet werden kann. Wer sich im einzelnen in die Geschichte jener besonderen Periode vertiefen will, greift am besten zu dem Werk von Louis J. Halle: »Der kalte Krieg. Ursachen, Verlauf, Abschluß« (Frankfurt a. M., 1969).

Die erste und später die letzte der militärischen Konfrontationen, welche die Periode des kalten Krieges einrahmen, nämlich Berlin 1948 und Kuba 1962, waren zugleich die heftigsten. Als Antwort auf die Zusammenlegung der britischen und der amerikanischen Besetzungszonen in Deutschland im Jahre 1947 verließ die Sowjetunion den Alliierten Kontrollrat und erklärte die Teilung Deutschlands als definitiv vollzogen. Gleichzeitig verhängte sie am 1. April 1948 eine Blockade über Berlin. Wenig später nahmen die Westalliierten mit Stichtag 21. Juni 1948 die spektakuläre Währungsreform in den von ihnen besetzten Zonen Deutschlands vor. Die Sowjetunion schnitt im Sinn einer Straf- und Gegenmaßnahme die westlichen Sektoren Berlins von allen Zufuhren außer von der Zuleitung von Wasser ab. Die Westmächte verzichteten darauf, die Zufahrt mit militärischer Gewalt wieder zu öffnen. Sie wären zu einer solchen Operation angesichts der Schwäche ihrer Besetzungstruppen in Deutschland ohnehin nicht in der Lage gewesen. Dafür übernahmen sie es, ihre Sektoren in Berlin mit Gütertransporten auf dem Luftweg zu versorgen. Diese Aktion, die Luftbrücke, wurde während voller zehn Monate erfolgreich durchgeführt.

Der Angriff Nordkoreas auf Südkorea im Sommer 1950 gehört zu den zentralen Ereignissen des kalten Krieges. Wie nahe damals der Ausbruch eines großen Krieges zwischen den Weltmächten stand, wird wohl nie zu ergründen sein. Wir wissen aber, daß es Tage im Verlaufe des Feldzuges gab, an denen im Stab des amerikanischen Oberbefehlshabers General Douglas MacArthur ernstlich mit der Möglichkeit gerechnet wurde, es könnte eine sowjetische Atombombe abgeworfen werden. Der Weltkonflikt wurde vermieden, indem die Vereinigten Staaten die Intervention zur Verteidigung Südkoreas, die sie für unerläßlich hielten, in die Form einer internationalen Intervention der Vereinten Nationen kleideten. Die

Sowjetunion ihrerseits zog ein stellvertretendes Eingreifen des damals noch eng mit Moskau verbündeten China in den für Nordkorea schon verlorenen Krieg einer eigenen militärischen Aktion vor.

In der kriegsnahen Atmosphäre jener Zeit unternahmen es Großbritannien und Frankreich, auf die Enteignung des Suezkanals durch Ägypten mit einer Truppenlandung an der Mittelmeerküste zu antworten. Die Aktion vom 5. November 1956 wurde zu einem völligen Mißerfolg. Angesichts der weltweiten Verurteilung des Unternehmens, der sich auch die Vereinigten Staaten von Amerika anschlossen, mußten die Landungstruppen zurückgezogen werden. Zu dem kläglichen Ausgang des Abenteuers trug auch noch bei, daß der damalige Erste Mann der Sowjetunion, Marschall Nikolai Bulganin, mit massiver nuklearer Vergeltung drohte.

1958 folgte die zweite schwere Konfrontation über Berlin. Die Sowjetunion, jetzt unter Nikita Chruschtschow, kündigte die Viermächteverantwortung für Berlin auf. Drohungen mit thermonuklearer »Vergeltung« wurden ausgetauscht. An einer Viermächtekonferenz in Genf im Sommer 1959 erhoben die Sowjets die Forderung an die Westmächte, ihre Garnisonen bis auf kleine symbolische Verbände aus ihren Sektoren in Berlin zurückzuziehen. Nach einem versöhnlichen Zwischenspiel, einem spektakulären Besuch Chruschtschows in Amerika, mit dem er den schwachen Präsidenten Dwight D. Eisenhower auf die Bahn einseitiger Konzessionen zu locken hoffte, kam der bittere Höhepunkt der Konfrontation. Im Mai 1960 wurde ein amerikanisches Spionageflugzeug U-2 über der Sowjetunion abgeschossen. Der Abschuß und die Weigerung Eisenhowers, sich unterwürfig zu entschuldigen, bildeten den Vorwand für Moskau, ein Gipfeltreffen in Paris zu verlassen. In Wirklichkeit war es unerwünscht geworden, weil Chruschtschow ein Scheitern des Treffens voraussah und einen solchen Rückschlag als für seine eigene politische Zukunft verderblich beurteilte.

Schon 1960 folgte die dramatische Auseinandersetzung um die Herrschaft über den von Belgien geräumten Kongo. Hier waren es die Vereinten Nationen unter ihrem Generalsekretär Dag Hammarskjöld, die einen bewaffneten Konflikt zwischen den Weltmächten, der manchmal drohte, durch ihre Intervention verhinderten.

Nach der Demütigung der Westmächte in Berlin im August 1961, die tatenlos mitansehen mußten, wie eine Mauer quer durch die Stadt gezogen wurde, holte Chruschtschow zum Entscheidungsschlag im Konflikt um die einstige Hauptstadt des Deutschen Reiches aus. Die Mauer hatte wegen der Ratlosigkeit und Unentschlossenheit des Westens zu keiner Konfrontation geführt. Nun kam Moskau auf den alten Plan zurück, mit der Deutschen Demokratischen Republik einen Friedensvertrag zu schließen. Mit diesem Schachzug wären der Rückzug der Alliierten aus West-Berlin und die Sperrung der Zugänge zur Stadt verbunden gewesen. Um der Forderung Nachdruck zu verleihen, wandte Moskau zum erstenmal das Mittel einer wirklichen nuklearen Drohung an. Am 30. August wurde von der Kremlführung erklärt, man verfüge jetzt über Raketen, wie sie bei den erfolgreichen Weltraumflügen gebraucht worden waren, die mit Wiedereintrittskörpern von 100 Megatonnen Sprengwirkung versehen seien. Das entsprach also der Wirkung von fünftausend Bomben wie die eine, die auf Hiroshima abgeworfen worden war. Solche Sprengkörper würden an jedem Punkt des Erdballs jeden treffen, von dem ein Angriff gegen ein sozialistisches Land ausgehe. In den folgenden Wochen ließ Moskau tatsächlich im hohen Norden fünfzig Nuklearsprengkörper in der Atmosphäre explodieren, von denen einer auf 100 Megatonnen geschätzt wurde. Die Radioaktivität in der Atmosphäre in weiten Gebieten der Welt stieg als Folge dieser Demonstration ganz bedeutend.

Um den amerikanischen Rückzug aus Berlin auf dem Wege der Drohung mit Nuklearwaffen zu erzwingen, genügten offenbar die ungeheuren Demonstrationen mit der Zerstörungskraft, über welche die Sowjetunion gebot, nicht. Sie mußten mit einer verstärkten Bedrohung des Gebietes der Vereinigten Staaten selber unterstrichen werden. So unternahm Chruschtschow sein bekanntes Wagnis: Er verfügte damals nur über siebzig Interkontinentalraketen, mit denen die Vereinigten Staaten zu erreichen waren. Zum Auftanken brauchten sie damals noch zehn Stunden. Das war eine zu schwache strategische Drohung; sie mußte massiv verstärkt werden. So ließ er Mittelstreckenmissile in Kuba in Stellung bringen. Die daraus entstehende Krise endete mit dem Rückzug der bedrohlichen Waffen aus Kuba, ohne daß von der einen oder anderen Seite ein Schuß abgefeuert worden wäre. Es war eine Konfrontation, in der zwar Nuklearwaffen der Einsatz waren, um den es ging, in deren Ablauf die gegenseitigen Konfrontationsdrohungen aber ausgesprochen solche mit konventionellen, also nichtnuklearen Waffen waren.

Ein Phänomen des gesamten Zeitraums, in dem die Menschheit von der Geißel eines großen Krieges verschont geblieben ist, muß besonders hervorgehoben werden: Neben den zahlreichen kleinen Kriegen, Umsturzversuchen und Umwälzungen in vielen Ländern und oft als Teil von ihnen hat sich die Erscheinung des Terrorismus ausgebreitet. Seine historischen Wurzeln sind weit verzweigt. Seine modernen Formen weisen vor allem auf Ursprünge in China, Japan und Rußland hin. Daß auch der Mittlere Osten eine Brutstätte des Terrorismus ist, in der er sich immer wieder erneuert, geht aus der historischen Tradition hervor. Dort war es, wo die schiitische Sekte der Haschschaschinen, der Assassinen also, im Mittelalter den Mord zum Instrument der Politik und der Kriegsführung ausbaute.

Die Verseuchung der Welt mit Waffen und Sprengstoffen im Laufe des Spanischen Bürgerkriegs, des Zweiten Weltkriegs und der mit ihm verbundenen Partisanentätigkeit und des Italienischen Bürgerkriegs von 1943 bis 1945 hat die materiellen Grundlagen für den Terrorismus geschaffen. Der unterirdische Krieg, welcher der Gründung des Staates Israel voranging, der Krieg in Algerien, der Kampf der Palästinenser gegen Israel, die Fortsetzung der Untergrundkämpfe in Italien haben dann den Terrorismus in Westeuropa heimisch gemacht. Er kann in den Dienst irgendeiner Sache gestellt werden. Vor allem aber ist er die Waffe der auf der ganzen Welt tätigen kleinen Gruppen, welche die Zerstörung der bestehenden Ordnungen und Einrichtungen zum Ziel haben. Der Terrorismus ist auch unlösbar verbunden mit der Entwicklung der Angst in der heutigen Zeit, und zwar in einem doppelten Sinn: Das irrationale Handeln mancher Terroristen ist eine Frucht der existentiellen Angst, die sie heimsucht, und umgekehrt erzeugen ihre Taten neue Furcht und schließlich Angst.

DAS ZEITALTER DER ENTSPANNUNG

Die Zeit des kalten Krieges wurde nicht, wie man es sich so vorstellt, eines Tages vom Zeitalter der Entspannung abgelöst – so etwa, wie nach unseren heutigen Schulbüchern das Mittelalter im Jahre 1492 zu Ende war und die Neuzeit begann. Eine Übergangszeit zwischen kaltem Krieg und Entspannungszeitalter, reich an überraschenden Schachzügen, war nötig.

Im Jahre 1971 wurde der Ausdruck »Entspannung«, »détente«, so wie wir ihn heute verstehen, erfunden. Das Bemühen um die Normalisierung der Beziehungen zur Sowjetunion, zur Beendigung des von ihr gegen die Umwelt geführten kalten Krieges, ist natürlich viel älter. Frankreich und die Bundesrepublik Deutschland waren als nähere und fernere Nachbarn des Sowjetimperiums an solcher Normalisierung noch unmittelbarer interessiert als die Vereinigten Staaten von Amerika. Es stellt im Grunde eine Verzerrung der Wirklichkeit dar, wenn heute Entspannung unter dem Einfluß der übermächtigen amerikanischen Publizistik als ein bilaterales sowjetisch-amerikanisches Unternehmen dargestellt wird. Sie muß vielmehr in einem größeren weltpolitischen Rahmen gesehen werden.

Die amerikanisch-sowjetische Annäherung, die nach einem Jahr vorsichtiger Aufklärungsarbeit in dem Besuch Präsident Richard M. Nixons in Moskau vom Mai 1972, dem Abkommen über »Grundsätze der gegenseitigen Beziehungen« und der Unterzeichnung der aus den Strategic Arms Limitation Talks (SALT) hervorgegangenen Abkommen weithin sichtbaren Ausdruck fand, übte naturgemäß einen entscheidenden Einfluß auf die europäische Ostpolitik aus. Aber schon 1970 wurden mit der Unterzeichnung des Nichtangriffsvertrags zwischen der Sowjetunion und der Bundesrepublik Deutschland und dem im Dezember 1970 in Warschau unterschriebenen deutsch-polnischen Vertrag, der einer Anerkennung der Nachkriegsgrenzen in Europa gleichkam, die wichtigsten Schritte getan.

Zu den Hintergründen der sowjetisch-amerikanischen Annäherungsversuche und damit der Entspannung überhaupt gehört die wachsende Spannung zwischen der Sowjetunion und China und die sich daraus ergebenden Versuche einer Normalisierung der Beziehungen der Vereinigten Staaten von Amerika zu Peking – heute Bejing – im Sommer 1971. Auch der Rückzug Amerikas aus seinen unglücklichen Verwicklungen in Indochina gehört in diesen Zusammenhang.

Höhepunkte des kalten Krieges waren immer die Krisen um Berlin gewesen. Ein wichtiges Instrument zur Überwindung des Zustandes des kalten Krieges und zur Einleitung einer Entspannung war deshalb das Viermächteabkommen über Berlin vom 3. September 1971. Ein Besuch von Bundeskanzler Willy Brandt bei Leonid Breschnew auf der Krim schloß sich daran an und im Oktober der Besuch Breschnews in Paris bei Präsident Georges Pompidou. Das Ergebnis des Pariser Besuchs kam dem Abschluß eines Freundschaftsvertrags nahe, und die Gespräche Brandts auf der Krim leiteten die Einberufung der von Moskau so dringend gewünschten europäischen Sicherheitskonferenz ein. Im November 1972 konnte sie als Konferenz für Sicherheit und Zusammenarbeit in Europa (KSZE) in Vorgesprächen in Helsinki in ihren Umrissen skizziert werden. Es folgten zwei Jahre der Verhandlungen in Genf, worauf am 2. August 1975 in Helsinki die Schlußakte unterzeichnet wurde. Damit hatte die Entspannungspolitik einen Höhepunkt erreicht. Alle Grenzen in Europa wurden anerkannt und damit alle sowjetischen Eroberungen seit dem mit Hitler geschlossenen Pakt.

Auf dem Gebiet der Militärstrategie begannen im gleichen Zeitraum, nämlich am 30. Oktober 1973, in Wien die Gespräche über die Herabsetzung der Zahl der konventionellen Streitkräfte in Europa. Sie wurden vom Westen Multiple Balanced Force Reduction (MBFR) genannt, vom Osten Multiple Force Reduction (MFR).

Die Erwartungen, die an solche Ereignisse geknüpft wurden, waren je nach dem Standort des Beobachters verschieden. Von Ereignissen sollte überhaupt weniger die Rede sein als vielmehr von Veranstaltungen zur symbolischen Darstellung des Willens nach Détente. In der öffentlichen Meinung schwankten die Erwartungen zwischen der Hoffnung auf »peace in our time« – ähnlich wie 1939 – und düsterer Ahnung drohenden Mißbrauchs solcher euphorischer Stimmungen durch Moskau. Noch verschiedener war die Auslegung des Wortes »Entspannung« in den Außenministerien der Weltmächte. In Washington hoffte man, nun die Grundlage für eine dauernde Stabilisierung des nuklearen Gleichgewichts durch die SALT-Verhandlungen und -Verträge gewonnen zu haben. Für Moskau standen andere Überlegungen im Vordergrund. Dort wird Entspannung als ein Instrument der »friedlichen Koexistenz« betrachtet. Was Moskau unter friedlicher Koexistenz versteht, ist oftmals erklärt und vordemonstriert und allzuoft vergessen worden. Koexistenz ist begriffsmäßig das Nebeneinander von feindlichen und unversöhnlichen politisch-wirtschaftlichen Systemen, ein Nebeneinander, das vorübergehend friedlicher Natur sein kann, also (noch) nicht eine kriegerische Auseinandersetzung nötig macht. Daß Moskau alles daransetzt und daransetzen muß, um auf der ganzen Welt den Sieg des Sozialismus herbeizuführen – im Zeichen der friedlichen Koexistenz lieber ohne Anwendung offener militärischer Gewalt –, ist für die Nachfolger von Marx, Lenin und Stalin selbstverständlich.

Daß auch etwas militärische Gewalt, unter Umständen durch Stellvertreter angewendet, im Rahmen der friedlichen Koexistenz Platz findet, haben die Jahre der Entspannung deutlich gezeigt.

Am 6. Oktober 1973 entfesselten Ägypten und Syrien, wohlversehen mit ultramodernen Waffen, die von der Sowjetunion geliefert worden und zum Teil durch russische Mannschaften bedient waren, den dritten Krieg gegen Israel. Eine Luftbrücke aus Rußland schaffte weiteres Kriegsmaterial herbei. Drei Tage später begannen die Vereinigten Staaten, ihrerseits weitere Waffen an Israel zu liefern. Die arabischen Staaten zückten ihre Ölwaffe, so wie es ihnen schon lange von Moskau angeraten worden war. Sie verdoppelten den Ölpreis, verminderten die Ölförderung und bedrohten die Vereinigten Staaten mit einer völligen Unterbindung der Erdöllieferungen.

Wir sahen uns wieder am Rande einer ernsten Konfrontation zwischen den Weltmächten. Beide hatten allzu sichtbar ihre Hand im Spiel. Zu der politischen Spannung trat diesmal die schwere Sorge um die Zukunft der Weltwirtschaft, die durch die Verteuerung des Rohöls an ihren Wurzeln verletzt worden war. Die euphorische Stimmung, die weitherum zu Beginn des Détentezeitalters geherrscht hatte, konnte nur durch die Unterzeichnung der Schlußakte von Helsinki und auch nur für kurze Zeit wieder heraufbeschworen werden. Zur Verdüsterung der Atmosphäre trug bei, daß 1975 der Bürgerkrieg in dem von Portugal preisgegebenen Angola durch kubanische Truppen, die im Auftrag der Sowjetunion handelten, entschieden wurde. 1977 entschieden die Kubaner den Krieg zwischen Somalia und Äthiopien zugunsten des auf die Seite Moskaus getretenen Äthiopien. 1979 betraten sowjetische Truppen selber die Bühne, indem sie Afghanistan besetzten.

Die durch Jahre sich hinziehende Ölkrise, die im Grunde ein wirtschaftliches Geschehen ist, verdüstert seither auch das politische Bild. Es bedurfte nur einiger im Grunde lokaler, aus örtlichen Spannungen hervorgehender Ereignisse im Mittleren Osten, um die Hoffnungen auf dauernde Entspannung tief zu stören.

In den ersten Tagen des Jahres 1979 wurde durch die Flucht des Schahs von Persien ins Ausland der Umsturz im Iran besiegelt. Im Februar drangen chinesische Truppen zu einer Strafaktion in Vietnam ein. 1980 brach der schon lange schwelende Krieg zwischen Irak und Iran offen aus. Hier nähert sich die Auseinandersetzung schon dem, was wir als wirklichen, großen Krieg bezeichnen sollten. Und schließlich wurde die soziale und wirtschaftliche Unrast in Polen mit einer massiven militärischen Drohung aus Moskau und Ost-Berlin beantwortet.

Alle diese Ereignisse zeigen uns, daß auch die Entspannungspolitik dem Zeitalter des friedlosen Friedens kein Ende gesetzt hat. Doch kann man ihnen auch eine gute Seite abgewinnen: in früheren Zeiten pflegten ähnliche Verwicklungen, obwohl örtlicher Natur, eine Weltgefahr zu bedeuten. Vor 1914 konnten sie die koloniale Rivalität zwischen den Großmächten anfachen. Nach 1918 stellte der Völkerbund den Begriff der kollektiven Sicherheit in die Welt, der jeden örtlichen Konflikt zum Weltkonflikt machte. Kollektive Sicherheit wurde zu kollektiver Unsicherheit. In der Anfangszeit der Vereinten Nationen feierte die kollektive Unsicherheit geradezu Triumphe, wenn sie auch meistens bloß in mündlich ausgetragene Konflikte ausartete. Heute dagegen herrscht den lokalen Konflikten und Kämpfen gegenüber eine neue und große Zurückhaltung. Was hat sich verändert?

Ist die Zahl der Unruheherde, mit denen man sich beschäftigen müßte, so groß geworden, daß man sich ihnen nicht mehr im einzelnen widmen kann?

Die Antwort, die zu Beginn der achtziger Jahre gegeben werden muß, weist vor allem auf das Gleichgewicht zwischen den Weltmächten hin. Das Gleichgewicht der Abschreckung ist offenbar viel stärker verankert, als allgemein angenommen wird. Wie dieses Gleichgewicht aufgebaut wurde, wie es gewahrt wird und auch wie es gefährdet wird, ist Gegenstand eines der folgenden Kapitel.

Vor dieser Untersuchung wäre es voreilig, den Schluß zu ziehen, es sei nur das nukleare Gleichgewicht, das einen großen Krieg verhindert. Es ist viel wahrscheinlicher und näherliegend, daß bis jetzt überhaupt nie eine Konfliktsituation vorhanden war, die einen Krieg zwischen den Weltmächten gerechtfertigt hätte. In diesem Zusammenhang ist immer zu bedenken, daß die eine der Weltmächte – Amerika – ein Volk von Auswanderern ist, von Nachkommen der Millionen, die sich aus dem Hexenkessel europäischer Kriege und Intrigen und Nöte gerettet hatten, um jenseits des Atlantiks ein Friedensparadies zu bauen. Um ein solches Volk und seine Regierung wirklich zum Eingreifen in die Welthändel zu veranlassen, braucht es eine völlig ungeheuerliche Provokation. Solche Provokationen waren die Bedrohung des europäischen Gleichgewichts durch das Deutsche Reich im Jahre 1915, dann wieder der militärische Überfall durch Japan und die Gefährdung der demokratischen Entwicklung in der ganzen Welt durch das nationalsozialistische Deutschland und seine Verbündeten. Daß nur zwanzig Jahre später aus dem Schicksal eines von Frankreich aus kolonialer Abhängigkeit entlassenen Konglomerats von Völkern in Südostasien – Vietnam – von der öffentlichen Meinung Amerikas eine derartige Provokation konstruiert werden konnte, gehört zu den Absurditäten der Weltgeschichte.

Ob wir behaupten sollen, daß der kalte Krieg wirklich abgeschlossen ist oder ob er unter der Asche weiterglüht, hängt davon ab, wie wir den Sinn des Wortes verstehen. Denn der Ausdruck bezeichnet keine festumrissene Größe, sondern ist eher eine Formel der Publizistik, über deren Inhalt keine volle Übereinstimmung besteht. Wir können die Formel, da sie nun einmal vorhanden ist, als einen bequemen historischen Begriff verwenden, so wie »Altertum« oder »Mittelalter«. In diesem Sinne können wir feststellen, daß der kalte Krieg zu Ende gegangen ist. Es wird also keinen kalten Krieg mehr geben, so wie es kein Mittelalter mehr geben wird. Die ausschließliche Beschäftigung mit den Spannungen zwischen der Sowjetunion und den Vereinigten Staaten von Amerika ist überholt. Aber ähnliche Lagen, Spannungen und Konfrontationen, wie sie die Jahre von 1946 bis 1966 bezeichneten, werden in offener oder verdeckter Form andauern, solange auch nur eine Macht, die über ein bedeutendes Potential verfügt, es als ihren Daseinszweck betrachtet, ihre Machtmittel in den Dienst der Expansion zu stellen, und andere Nationen bereit und in der Lage sind, sich einer derartigen Expansionspolitik in den Weg zu stellen.

Ohne auch nur andeutungsweise Werturteile zu fällen oder über Recht und Unrecht im Weltgeschehen urteilen zu wollen oder Präferenzen zu äußern, möchten wir hier vier verschiedene Machtkomplexe bezeichnen, die expansionistischer Natur sind:

1. die Union Sozialistischer Sowjetrepubliken,
2. die Vereinigten Staaten von Amerika,
3. das Konglomerat islamischer Staaten,
4. die Volksrepublik China.

Es ist unnötig, zu betonen, wie verschieden der Expansionismus dieser heute vorhandenen Machtkomplexe in jeder Beziehung ist und wie verschieden ihr Wesen an sich. Aber jedem ist ein Gedankengebäude zugeordnet, eine Ideologie.

Die Sowjetunion wird gelenkt von der marxistisch-leninistischen Geschichtstheorie, die ihr den weltumspannenden und weltumstürzenden Auftrag vorschreibt. Sie ist zugleich monolithisch und messianisch.

Die Vereinigten Staaten von Amerika sind zwischen zwei diametral entgegengesetzte Ideen gestellt; also wesensmäßig pluralistisch: Die eine bewirkt die aus der Geschichte der Gründung stammende defensive Haltung, welche die Vorstellung spiegelt, eine neue und bessere Welt, in die man sich einst geflüchtet und wo man den Idealstaat erbaut hat, gegen eine viel weniger gute Welt verteidigen zu müssen. Der andere Grundgedanke erwächst aus dem überwältigenden inneren Erfolg dieser neuen Welt, die eine neue Zivilisation geschaffen hat, die messianische Vorstellung, gleicher Erfolg werde jedem Volke beschieden sein, wenn es sich nur zur freiheitlich-demokratischen Struktur Amerikas bekenne.

Den Islam als dritte potentielle Weltmacht zu nennen hat einen guten Sinn. Trotz der Vielzahl und Verschiedenheit seiner Vorkämpfer war er einst eine Weltmacht, und er kann es wieder werden. Eine tiefverwurzelte Religiosität seiner Völker, ein glühender Nationalismus extremster Form, zum Teil von Europa und Amerika kopiert, die gemeinsamen Traditionen und ein ausgeprägtes geopolitisches Zentrum stellen eine Grundlage dar, aus der sich Macht im heutigen und zukünftigen Sinne entwickeln kann. Schon heute sind die Machtattribute der modernen Welt in der Hand mancher mohammedanischer Nationen: Waffen, Rohstoffe, Reichtum, technische

Bildung. Es fehlt nur noch der einigende politische Wille. Doch wer weiß, ob unter den Millionen Menschen, welche die Städte und die Wüsten des Mittleren Ostens bevölkern, inmitten traditionsreicher und begabter Völker nicht schon der Staatsmann geboren ist, der Mahdi, dem einst die gewaltige Zusammenfassung gelingt?

Die Volksrepublik China ist der schwer zu durchschauende Riese. China hat im Innern offenbar eine Periode der Wirren, die fast zwei Jahrhunderte gedauert hat, überwunden und abgeschlossen. Obwohl der Informationstourismus blüht und unzählige Federn in Bewegung sind, um das heutige China zu beschreiben und zu deuten, wissen wir wenig und nichts auch nur über die nächste Zukunft. Ein wirtschaftlich-technisches Aufbauwerk ist im Gange, aber die Entscheidung, ob es in Richtung auf eine Wohlstandsgesellschaft oder auf einen militärischen Machtapparat hingesteuert werden wird, ist noch nicht sichtbar. Das politische Ideengebäude, das den einst aus Rußland importierten Marxismus-Leninismus ablösen wird, ist noch nicht einmal in seinen Umrissen erkennbar. Es ist aber gewiß, daß China aus seinen jahrtausendealten, aber immer lebendigen Traditionen und aus seinen ungewöhnlichen geistigen Kräften eine eigene Ideologie entwickeln wird. Eine solche Macht will und wird sich ausdehnen. Das ist unvermeidlich. Nur wissen wir nicht, wann dieser latente Wille in die Phase der Verwirklichung eintritt.

Ob wir uns dessen bewußt sind oder nicht – wir stehen im Bannkreis von zur Welteroberung fähigen Ideologien. Europa hat ihnen nichts Vergleichbares entgegenzusetzen. Europa gleicht politisch-ideologisch einer ausgebrannten Feuerstätte. Einst loderten hier Flammen und breiteten Wärme und Licht über die Welt aus. Doch das ist vorüber. Gelegentliches Aufflackern in der Asche kann nicht darüber hinwegtäuschen. Nur in Verbindung mit der neuen, mit der amerikanischen Welt, in der das europäische Erbe weiterentwickelt wird, ist Europa noch bedeutend, ja – in dieser Verbindung – sehr bedeutend. Aber die Umstellung auf die neue Rolle eines bloßen Partners wirklicher Macht und nicht eines eigentlichen Trägers von Macht ist noch nicht vollzogen und geistig nicht bewältigt.

In diese Welt sind wir alle gestellt. Große Kriege und Jahre des friedlosen Friedens liegen hinter uns. Sie haben unser Denken geprägt. So ist es nicht zu vermeiden, daß wir alle die Kräfte, welche die uns umgebenden bewaffneten Ideologien ausstrahlen, als antagonistisch empfinden. Wir können sie nur als konfliktträchtig sehen. Wir fürchten stets ihren Zusammenprall, und – mit den einfachsten Worten ausgedrückt – wir fürchten den großen Krieg.

Furcht ist nicht gleichbedeutend mit Angst. Aber sie kann in Ängste überleiten, wenn die Bedingungen der Angstentstehung in der Seele einmal geschaffen sind. Diese Bedingungen sind vorhanden, wenn der Mensch Unbekanntem oder Unverständlichem gegenübergestellt wird. Sie entstehen ferner, wenn ihn das Gefühl ereilt, sich schuldig gemacht zu haben. Der Maßstab für das, was Schuld ist, was schuldig macht, findet sich tief eingeprägt in unserem Bewußtsein und unserem Unterbewußten. Vor unseren Augen steht allzuviel Unbekanntes trotz Überinformation oder wegen der Überinformation, und schlechtes Gewissen bedrückt uns. Furchtbares, zu Fürchtendes wird uns jeden Tag durch die Massenmedien zugetragen. Die Bedingungen der Angstentstehung sind gegeben.

Zum Unbekannten gehört das Riesenreich der Sowjetunion, das von seinen Machthabern bewußt in Geheimnis gehüllt wird – geheim für die Umwelt wie für die eigenen Völker. Ob es heute ein freundliches Gesicht zeigt und morgen ein drohendes – immer ist es ungewiß, was die Herrscher wirklich planen und morgen tun werden. So muß es nach ihrem Willen auch sein. Zum Unbekannten gehört auch die Entwicklungswelt, die wir im Grunde nur als Touristen sehen, als Abenteuer- und Vergnügungsreisende, als Glaubensboten, als Touristen der wirtschaftlichen Erschließung, als Touristen der Entwicklungshilfe. Unser Kontakt ist leider noch immer und vielerorts vorübergehend und oberflächlich.

Zum Unbekannten gehört auch unsere eigene neue Umwelt, wie sie von uns selber mit Hilfe von Naturwissenschaft und Technik erschaffen worden ist. Wenige Menschen außerhalb der Kreise der Wissenden, die auch nur immer einen Teil kennen, verstehen die Gesetze des wirtschaftlichen Geschehens, den Sinn der medizinischen Erkenntnisse, das Wesen der Atomtechnik. Wie viele sind mit den Wundern der elektronischen Datenverarbeitung, der Automatisierung vertraut, und wie viele haben eine unbefangene Beziehung dazu? Wie viele wissen wirklich etwas über die neuen Stoffe, mit denen wir umgehen? Wie viele geben den Geräten, die uns täglich dienen müssen, auch nur einen verständnisvollen Seitenblick? Nur wenige haben das neue Bild des Weltraums, seiner räumlichen und zeitlichen Dimensionen, das uns die Astronomie entwirft, als Bestandteil ihres hellen Bewußtseins in sich aufgenommen. Das allein würde genügen, um Ängste, wie sie aus dem Unbekannten und Geheimnisvollen entstehen, zu erzeugen.

Nun tritt noch das schlechte Gewissen hinzu. 1945 wurde die vom Menschen erzeugte Spaltung des Atomkerns als eine Vermessenheit empfunden, und das »mea culpa, mea maxima culpa« der Atomphysiker wurde in alle Welt getragen. Die Verwandlung der Umwelt durch die sich sprunghaft ausweitende technische Zivilisation, das Verschwinden der vertrauten Bilder in Dorf, Stadt und Landschaft, die Vergiftung von Pflanzen-, Tier- und Menschenwelt, die manchmal mit unserem Streben nach Mehr und Besserem verbunden ist, erzeugt ein Gefühl der Schuld gegenüber der Schöpfung. Die in die Unabhängigkeit entlassenen Völker der Entwicklungswelt erspüren mit naturhafter Instinktsicherheit gerade diese Schwäche ihrer früheren Herrscher und vermitteln ihnen das Gefühl untilgbarer Schuld, die sie sich ihnen gegenüber aufgeladen haben. Die Religionen der Alten und der Neuen Welt, auf jüdisch-christlicher Grundlage ruhend, deren Wesen ja darin besteht, den Menschen schuldbewußt zu machen, um ihm erst dann den Weg zur Erlösung zu zeigen, sind eine weitere Kraft, die uns zur Angst drängt. Das besondere Element des schlechten Gewissens ist, daß es nicht nur von außen auf uns zugetragen wird, sondern daß wir es in uns selber immer neu erzeugen. Alle, die aus irgendwelchen Beweggründen ihre Umgebung und die sie bestimmende Ordnung zerstören wollen – aus ideologischen, politischen, religiösen Beweggründen, aus Neid, aus Unwissenheit, aus verletztem Gerechtigkeitssinn oder weil sie verführt worden sind –, spielen auf dem Instrument des schlechten Gewissens, des Schuldgefühls und treiben so ihren Gegner in die Angst.

Die Wirkung der Angst ist irrationales Verhalten. Sie verführt zu dem Tun, das man nicht tun möchte, führt den Geängstigten gerade zu den Folgen, die er vermeiden möchte. Das ist das Erbe der langen Zeit friedlosen Friedens, das innerlich nicht bewältigt wurde.

II
GRUNDLAGEN DER SICHERHEIT

NORD UND SÜD

In einer von den Menschen voll in Besitz genommenen Welt, in der das letzte Eiland, das Meer und der Meeresgrund völlig in den Bann politischer Mächte geraten sind, wird unser aller Schicksal mehr denn je von den geographischen Gegebenheiten mitbestimmt. Zu diesen gehören die Verteilung der Völker auf dem Globus, die Entfernungen, die Verkehrsachsen, die Orte der Rohstoffvorkommen, vor allem die Lagerstätten von Erdöl und wichtigen Mineralien.

Wir haben hier vier Machtkomplexe genannt, um die sich die Geschehnisse, die Hoffnungen und Befürchtungen drehen. Ein Blick auf den Globus zeigt, daß sie auf der nördlichsten Kalotte des Erdballs, nördlich des Wendekreises des Krebses (23,5 Grad nördlicher Breite) eng zusammen gruppiert liegen. Auch für Amerika trifft der Ausdruck »eng« zu, denn der Nordatlantik, der Amerika von Europa trennt, erscheint uns nur im Trugbild der vertrauten Mercatorprojektion als breiter Ozean – in Wirklichkeit ist dieses Meer eher ein riesiges Binnenmeer inmitten der nördlichen Landmasse.

Da also die Zentren der Macht, so wie wir sie heute kennen und wie sie sich in naher Zukunft entwickeln könnten, in der eben umschriebenen nördlichen Zone liegen, muß die Entscheidung über Krieg und Frieden notwendigerweise in dieser Zone fallen. Mit der Entscheidung über Krieg oder Frieden ist hier nicht das Fortbestehen oder Erlöschen aller Konflikte, die den friedlosen Frieden der letzten dreieinhalb Jahrzehnte bezeichnet haben, gemeint, sondern die Antwort auf die Frage, ob es wieder zu einem den ganzen Erdball in seinen Bann ziehenden Kampf zwischen Weltmächten kommt oder nicht.

In der dritten Welt, die etwa drei Viertel der Erde umfaßt, die außerhalb der nördlichen Machtzusammenballung liegen, werden bewaffnete Konflikte nicht zu vermeiden sein. Diese Welt ist im politischen und strategischen Sinne noch nicht fest gefügt. Auf den Gleisen zur wirtschaftlichen Weiterentwicklung ist manche Weiche noch nicht gestellt. Wenn wir bedenken, wieviel Blut und Tränen der Aufbau dessen gekostet hat, was heute die Alte und die Neue Welt genannt wird, so kommen wir zu dem Schluß, daß auch vor der dritten Welt noch ein langer und schwerer Weg liegt.

Die geographischen und politischen, also die geopolitischen Tatsachen lassen aber eine Form der Auseinandersetzung erwarten, die von der im Norden grundverschieden ist. Die Zentren der Macht – sofern man bei so unstabilen Systemen, wie es die Entwicklungsländer sind, von Macht überhaupt sprechen will – sind in diesen Teilen der Welt locker verstreut. Die Entfernungen zwischen ihnen gehören einer ganz anderen Größenordnung an als die Distanzen in der Alten Welt. Die Zentren sind sowohl durch Entfernungen voneinander getrennt wie auch durch den Mangel an leistungsfähigen Verkehrswegen. Die Verschiedenheiten der Lebensform, der Überlieferungen, des Charakters sind viel größer, als der ferne Beobachter im allgemeinen annimmt. Und auch der Stand der wirtschaftlichen Entwicklung mit einer sehr verschiedenen Verteilung von Armut und Reichtum trennt diese Völker weit mehr, als es in der Alten Welt der Fall ist. Und immer wieder stoßen wir auf die Tatsache, daß Sammelbegriffe wie »Entwicklungsländer« oder »dritte Welt« oder »Welt der Unverpflichteten« und ihre politischen Zusammenschlüsse und Konferenzen uns ein Trugbild der Einheit und Einheitlichkeit vorzaubern, das fern von der Wirklichkeit ist.

Dazu kommen die inneren Spannungen in den einzelnen Ländern. Oft besteht geradezu ein Kriegszustand zwischen Minderheiten und Regierungen. Millionen von Menschen haben als Flüchtlinge ihre Heimstätten verlassen.

Vietnam, Kambodscha, Thailand, Somalia, Äthiopien, der Sudan, Dschibuti, Tschad, Uganda, Pakistan, Afghanistan und der Libanon beherbergen Massen von Flüchtlingen – oder haben ihrerseits Menschen vertrieben.

Eine neue Erscheinung ist, daß diese Konflikte interner oder zwischenstaatlicher Art nicht notwendigerweise auf den Machtkomplex im Norden überzugreifen brauchen. Die Zeit, in der die Forderung nach kollektiver Sicherheit die große Mode war, liegt weit hinter uns. Sie hatte nichts als kollektive Unsicherheit gebracht. Sogar um das Weltsicherheitssystem der Vereinten Nationen ist es merkwürdig still geworden. Die Tage, in denen in ihrem Namen bewaffnete Interventionen wie in Korea und im Kongo geführt wurden, wenn auch nur drei und zwei Jahrzehnte zurückliegend, erscheinen uns nur noch als ferne, im Dämmer liegende Vergangenheit. Die da und dort noch Wache haltenden Blauhelme sind fast so vergessen wie die Neutrale Waffenstillstandskommission in Korea. Der Krieg zwischen Irak und Iran hat sich nicht als eine Weltgefahr erwiesen, sondern ist entgegen allen

Erwartungen, die man in früheren Jahren gehegt hatte, isoliert geblieben, ohne daß es dazu besonderer diplomatischer Bemühungen oder internationaler Konferenzen bedurft hätte.

Eine neue Distanz scheint also die Welten zu trennen. Es ist nicht geographische Distanz. Es ist auch nicht ein Mangel an Berührungspunkten. Der wirtschaftliche Austausch, die gegenseitige wirtschaftliche Abhängigkeit sind ja unendlich stärker als noch vor drei Jahrzehnten. Die Verkehrsverbindungen sind dank Flugverkehr und Nachrichtenübermittlung über Satelliten enger geknüpft. Und doch: Wir stehen vor der Tatsache einer gegenseitigen politischen Isolierung, die im Gegensatz zur wirtschaftlichen Verflechtung steht. Es ist eine Isolierung, die dem Weltfrieden nur nützlich ist.

Zwar besteht in der Sowjetunion, in China und Frankreich – in diesem besonderen Falle nur mit Bezug auf Afrika – und bestand in den Vereinigten Staaten von Amerika die Vorstellung, die Entwicklungswelt müsse sich nach ihrem Vorbild formen, und an Einmischungen in die Angelegenheiten ihrer Mitglieder, an Interventionen, hat es in der Zeit des friedlosen Friedens nicht gefehlt. Aber diese Übergriffe entbehren in auffallender Weise der Kraft und der Dauer, und wenn sie mit Nachdruck geführt werden, stoßen sie auf Widerstand. Die Schwierigkeiten, die ihnen die Nationen, die deren Ziel sind, entgegenstellen, sind in den letzten Jahren gewachsen und erscheinen fast als unüberwindlich. Man denke an Vietnam, Ägypten, Angola, Afghanistan, Tschad. Wie anders ist es als vor hundert Jahren, als die Europäer und Amerikaner der Welt ihr Gesetz diktierten!

Wenn wir die Verwandlung der Weltwirtschaft, die sich dank dem Erstarken vieler Länder der Entwicklungswelt vollzieht, betrachten, kommen wir zu dem Schluß, daß die Widerstände gegen europäische und amerikanische Einmischungen immer härter werden dürften. Die Immunität gegen politische Besitzergreifung wird stärker. Das wird auch der kommunistischen Unterwanderung einst Grenzen setzen. Die Entwicklung in den karibischen Staaten zum Beispiel weist auf diese Tatsache hin.

Im ersten Kapitel des Buches wurde gezeigt, wie weltstrategische Gründe, wie die Wirkung des weltstrategischen Gleichgewichts eine Isolierschicht zwischen Konflikte in der nördlichen und in der südlichen Welt gezogen haben. Eine politische Abtrennung vollzieht sich. Im kommenden Abschnitt nun soll von neu Verbindendem die Rede sein.

VERWANDELTE WELTWIRTSCHAFT

Die Mittel der Macht sind, wie wir gesehen haben, auf der nördlichen Kalotte der Erdkugel zusammengeballt. Ganz verschiedene, antagonistisch zueinander eingestellte Besitzer verfügen über sie. Zur Vollkommenheit der Macht gehören aber die Rohstoffe, welche die Grundlage jeden industriellen Tuns sind. Und auf diesem Gebiet ist dem Norden eine mächtige Gegenkraft erwachsen.

Die dritte Welt lieferte dem industrialisierten Norden von jeher einen großen Teil seiner Nahrungs- und Genußmittel und der Grundstoffe, die er verarbeitet und verbraucht. Im Zeitalter des Imperialismus und Kolonialismus hatten die Industriemächte der Alten und der Neuen Welt die Hand auf die meisten Länder gelegt, welche die wichtigen Hilfsquellen enthielten. Die Industriemächte diktierten Art und Umfang der Produktion und den Preis und organisierten in den meisten Fällen auch die Ausbeutung der Hilfsquellen nach ihren Bedürfnissen. Dieses Kolonialsystem ist überall dort, wo der amerikanische Einfluß hinreichte, verschwunden. Denn die Vereinigten Staaten waren es, die, getreu einer seit ihrer Gründung gepflegten antikolonialistischen Tradition, den im Zweiten Weltkrieg gewonnenen Einfluß benützten, um das System zu zerstören. Nur die Sowjetunion konnte ihr riesiges und kompaktes, fast zwei Kontinente umfassendes Kolonialreich behalten. Sie ist im Begriff, es durch neue Eroberungen, die sich im gegenwärtigen Augenblick auf Afghanistan beschränken, auszudehnen. Nur sie verfügt damit über eine Rohstoffbasis, die sie fast unabhängig von der dritten Welt macht. Auch Moskau muß indessen in seinem Fünfjahrplan das Problem der Beschaffung genügender Rohstoffe und genügender Energie in den Vordergrund stellen.

Heute sind es hundertfünfzig unabhängige und souveräne Staaten, die über die Rohstoffe verfügen, welche die Natur über die Welt verstreut hat. Dank der Aufhebung des Kolonialsystems, dessen eine Funktion, die Entwicklung der Hilfsquellen, vom System der Entwicklungshilfe übernommen worden ist und zum Teil auch durch die multinationalen Gesellschaften, sind nun manche der einseitigen Rohstofflieferanten zu eigentlichen modernen Industriestaaten geworden. Brasilien, Indien, Mexiko, Südkorea, Taiwan u. a. sind Exporteure von Maschinen und Qualitätsgeräten geworden und damit zum Teil selbstgezogene Konkurrenten der nördlichen Industrienationen. Indien, Argentinien, Brasilien führen auch schon Kriegsmaterial aus. Sogar im Sektor der Dienstleistungen wie des Bankwesens, der Versicherung, des Flugverkehrs, der so lange der Alten und der Neuen Welt vorbehalten war, melden sich die Entwicklungsländer zum Wort. Der Reichtum der Erdöl erzeugenden Länder bedarf nicht mehr unbedingt der Vermittlung von

Banken in Europa und Amerika, um gewinnbringend investiert zu werden.

Der neue Glanz kann freilich nicht darüber hinwegtäuschen, daß in der Entwicklungswelt schwerste Probleme bestehen. Es gibt fundamental arme Nationen, und auch bei den reichen leiden viele Menschen unter Armut und Hunger. In vielen Ländern werden weniger Nahrungsmittel erzeugt als noch vor kurzer Zeit, so daß viele von ihnen, statt Lebensmittel ausführen zu können, auf Einfuhren zurückgreifen müssen, die zu bezahlen sie nicht fähig sind. Zugleich nimmt die Weltbevölkerung jährlich um 75 Millionen zu, wobei der Hauptanteil des Zuwachses auf die Entwicklungsländer entfällt, die hier ihren Titel mit vollem Recht führen. In 29 Ländern droht, wenn man der Welternährungsorganisation FAO Glauben schenkt, die gerne die Dinge dramatisiert und in denkbar ungünstigem Lichte darstellt, eine Hungersnot.

Der Europäer und der Nordamerikaner mit seinem aufs höchste gesteigerten materiellen Wohlstand ist angesichts seiner großen Ansprüche immer mehr von den Rohstoffen, die nur die dritte Welt liefern kann, abhängig. Diese Abhängigkeit wurde auch dem Unwissenden und Gedankenlosen durch die seit 1974 herrschende Erdölkrise bewußt. Dabei besteht die Abhängigkeit bei weitem nicht nur für Erdöl. Denken wir an Kupfer, Gold, Uran aus Afrika südlich des Äquators, an die Erze, die Lebens- und Genußmittel aus Südamerika, an die Mineralien und Landwirtschaftsprodukte Australiens, die Fettstoffe, Textilrohstoffe, an den Kautschuk Asiens. Ein neues Netzwerk des Welthandels hat sich über die Kontinente gespannt, das wegen des wechselnden Bedarfs und wegen politischer Veränderungen immer wieder neu geknüpft werden muß.

Vielen Menschen wird wegen der umfassenden Information, die ihnen zugänglich ist, die Abhängigkeit ihres kleinen persönlichen Schicksals von diesen fernen und vielfachen Beziehungen bewußt. So tritt zu der traditionellen Besorgnis des Menschen um das tägliche Brot, um Krieg oder Frieden eine neue Sorge, nämlich die um das wirtschaftliche Geschehen in fernsten Ländern.

Das System des freien Marktes für Rohwaren und Industrieerzeugnisse, das 1947 durch das General Agreement on Tariffs and Trade (GATT) einen festen Rahmen erhielt, hat unter dem Druck der Ausdehnung des weltweiten Austauschs viel von seiner Kraft verloren. Als die Rolle des amerikanischen Dollars als Weltreservewährung und das System fester Wechselkurse am 15. August 1971 aufgehoben wurde, öffnete sich eine Phase der Ungewißheit und Unstabilität in der Weltwirtschaft. Die Interventionen der Regierungen, das Umsichgreifen der Bürokratie in fast allen Ländern hat über den freien Markt ein bedrängendes Spinnennetz geworfen. Die Regeln der »Tokio-Runde«, wie die 1973 in Tokio eingeleiteten Wirtschaftsverhandlungen genannt werden, ersetzen auf weiten Strecken seit dem 1. Januar 1981 die Vorschriften des GATT. Die neuen Grundsätze wurden am 25. April 1979 in Genf unterzeichnet. Es ist interessant, die Unterzeichner zu nennen. Es sind in der Alten Welt die (damals) neun Mitglieder der Europäischen Gemeinschaften (EG) Belgien, Bundesrepublik Deutschland, Dänemark, Frankreich, Großbritannien, Irland, Italien, Luxemburg, Niederlande. Dazu kommen Finnland, Japan, Norwegen, Österreich, Spanien, Schweden, die Schweiz und schließlich die kommunistischen Länder Bulgarien, Rumänien, Tschechoslowakei, Ungarn. Aus der Neuen Welt sind es die Vereinigten Staaten von Amerika, aus der dritten Welt Argentinien, Australien und Neuseeland.

In dem Abkommen wurde versucht, dem sich neu entfaltenden Protektionismus entgegenzutreten. Man hat erkannt, daß nicht Zölle und Abgaben an den Grenzen die Wettbewerbsbedingungen am tiefsten beeinflussen und verzerren, sondern dirigistische wirtschaftliche Maßnahmen im Innern der Länder. Ihnen soll begegnet werden. Solange jedoch das Währungssystem, das dem Welthandel zur Verfügung steht und seine Grundlage bildet, nicht den neuen engen Verflechtungen angepaßt ist – vereinfacht ausgedrückt, solange nicht der Dollar wieder seine Rolle als Weltreservewährung übernehmen kann –, bleibt das wirtschaftliche Geschehen unsicher und voller Gefahren.

DAS ERDÖL

Die Versorgung mit Energie ist das größte Problem unserer wirtschaftlichen Zukunft. Einst war vor allem entscheidend, wer über die Rohstoffe verfügt, die zum Ernähren eines Volkes und zum Aufbau einer Industrie nötig sind. Die Menge der Energie, deren es zu ihrer Verarbeitung und Verteilung bedurfte, war verhältnismäßig gering und leicht zu beschaffen. Kohle, Wasserkraft, Muskelkraft und Wind mußten genügen. Mit der Entwicklung der Technik wuchs der Anteil der Energie an der industriellen Schöpfung von Gütern ständig. Wie die Exxon Corporation feststellt, nahm in den Jahren vor dem Beginn der Energiekrise – von 1965 bis 1973 – der Energieverbrauch in der Welt ohne die kommunistischen Länder jährlich um 5,5 Prozent zu, während sich die industrielle Produktion nur um 5 Prozent erhöhte. Der wachsende Energiebedarf wurde zu einem immer größeren Teil mit Erdöl gedeckt. Das Erdöl war in den Nachkriegsjahren für die industrialisierten Länder gewissermaßen frei verfügbar. Noch 1960 war die Hälfte der Länder, die der damals gegründeten Organisation Erdöl exportierender Staaten (OPEC) angehören, noch Protektorate oder Kolonien, in denen die multinationalen Erdölgesellschaften, unterstützt von den Regierungen, die Fördermenge und den Preis bestimmten. Je billiger das Rohöl dank der vom Norden eingeschlagenen Politik wurde, desto größer wurde nach und nach der Preisunterschied zwischen der aus Erdöl gewonnenen Energie und allen aus anderen Quellen bezogenen Energien – Kohle, Wasserkraft, Atomkraft, unkonventionelle Quellen. Niemand machte sich Gedanken darüber, daß fast 40 Prozent des in den nichtkommunistischen Ländern verbrauchten Erdöls aus einer Region, der des Persischen Golfs, stammten.

Im Jahre 1967 fiel zum erstenmal ein Schatten auf dieses System. Die OPEC, jetzt eine Organisation völlig unabhängiger und selbstbewußter Staaten, verhängte wegen des Krieges zwischen Israel und seinen Nachbarn eine Ausfuhrsperre gegen die Vereinigten Staaten von Amerika und gegen die Niederlande. Die Vereinigten Staaten konnten die so entstehende Lücke in ihrer Versorgung damals noch mit Leichtigkeit aus ihrem vermeintlichen Überfluß decken. 1973 anläßlich des Oktoberkrieges von Ägypten und Syrien gegen Israel war die Ölwaffe der arabischen Nationen schon viel schärfer geworden. Von 1971 an waren die Vereinigten Staaten wegen ihres maßlosen Konsums von Importen abhängig geworden. Diese Abhängigkeit wuchs von Jahr zu Jahr. Heute müssen die Amerikaner fast die Hälfte ihres Bedarfs aus Importen decken, und ihre Eigenproduktion sinkt unaufhaltsam.

Unter dem Eindruck dieser Abhängigkeit Amerikas hatten die Produzenten im Mittleren Osten, die günstige Gelegenheit benützend, die Ölpreise schon 1967 um 70

Prozent erhöht. 1973 nun verminderten sie die Förderung um ein Viertel und vervierfachten den Preis.

Damit war die Weltwirtschaft in die Unordnung gestürzt, die sie beim Eintreten in die achtziger Jahre bezeichnet. Eine baldige Lösung des Energieproblems steht nicht in Aussicht. Der Preis des Rohöls steigt weiter und beträgt bereits das Vierzehnfache des Preises, der vor dem Ausbruch des Krieges von 1973 gezahlt wurde. Die Exportländer haben es bei diesen hohen Preisen in der Hand, die Förderung auf die Hälfte herabzusetzen, ohne damit in Zahlungsbilanzschwierigkeiten zu kommen und ohne auf die Verwirklichung ihrer eigenen Entwicklungsprojekte verzichten zu müssen. Für die Erdöl einführenden Länder wird sich dagegen bloß schon in den nächsten fünf Jahren ein Fehlbetrag aus der Ölrechnung von 350 bis 450 Milliarden Dollar anhäufen.

Die Langsamkeit, mit der sich die von eingeführtem Erdöl abhängigen Länder daranmachen, von der einseitigen Abhängigkeit loszukommen, entspricht durchaus der Trägheit der Völker und ihrer Staatsmänner, mit der sie sich alle gedankenlos in diese Abhängigkeit haben treiben lassen.

Um die Energiekrise zu überwinden, müssen die Industrieländer – das liegt auf der Hand – auf zwei verschiedenen Wegen vorgehen. Einerseits gilt es, das Erdöl durch andere Energieträger, andere Brennstoffe überall dort zu ersetzen, wo es technisch überhaupt möglich ist. Anderseits müßte der Anteil jeder Art von Energie am Produktionsaufwand vermindert werden.

Die Ersatzenergieträger sind Kohle, Atomenergie, Wasserkraft und die vielen heute entwickelten unorthodoxen Energiequellen wie Wind und Sonne, Erdwärme, synthetische Brennstoffe aus Pflanzen, aus Kohle, Ölschiefer und ähnlichem. Wegen der großen Verspätung, mit der diese Projekte, außer der Nutzbarmachung der Kernenergie, begonnen wurden, und auch wegen ihrer technischen Schwierigkeit werden die greifbaren Ergebnisse erst am Ende der achtziger Jahre vorliegen. Gegen die einzige sofort greifbare und technisch völlig entwickelte Quelle, die Atomenergie, haben sich gewisse Völker, ja sogar das wohlunterrichtete amerikanische, in einem derartigen Maße mobilisieren lassen, daß auch sie nicht rechtzeitig die sich immer weiter öffnende Lücke füllen dürfte.

Wie Walter J. Levy in einem Artikel in der Zeitschrift »Foreign Affairs« (Sommer 1980) ausführt, muß nach den heute möglichen Schätzungen das dritte Jahrtausend bereits angebrochen sein, bis die von Erdölimporten heute abhängigen Länder diese Abhängigkeit wenigstens zur Hälfte abgeschüttelt haben. Voraussetzung ist dabei, daß weder politische noch kriegerische Ereignisse noch unvorhergesehene technische Schwierigkeiten die heute eingeleitete Entwicklung unterbrechen. Diese sachlich-düstere Prognose wird von Joseph S. Nye, Professor in Harvard, in der Zeitschrift »Foreign Policy« (Herbst 1980) voll bestätigt.

Bis zum Beginn des nächsten Jahrtausends wird ein großer Teil der von uns verbrauchten Energie immer noch aus dem Gebiet um den Persischen Golf bezogen werden müssen. Selbst nachher wird man auf die Lieferungen der arabischen Ölstaaten nicht ganz verzichten können. Selbst wenn in anderen Ländern oder im Meer noch große Ölvorkommen neu entdeckt werden sollten, käme ihre Ausbeute in der bevorstehenden kritischen Zeit noch nicht voll zur Geltung.

Von den Ersatzenergien nehmen wir an, sie würden am Ende des Jahrtausends etwa folgenden Platz einnehmen: Doppelt soviel wie heute kann aus Kohle gewonnen werden, viermal soviel aus Atomkraftwerken, doppelt soviel aus Wasserkraft, Wind, Sonnenwärme, Erdwärme. Dann werden im gesamten 10 bis 20 Prozent Nuklearenergie sein, 30 bis 40 Prozent aus Kohle, Wasserkraft und den neuartigen Quellen geschöpft. Die Anteile an der einen oder anderen Quelle sind indessen von Land zu Land höchst verschieden. So rechnet Großbritannien, am Ende des Jahrtausends die Hälfte seines Bedarfs an Elektrizität aus Kernkraftwerken decken zu können, Frankreich, die Schweiz und Schweden sogar drei Viertel. Die Sowjetunion, die Bundesrepublik Deutschland und Japan erwarten, ein Viertel der benötigten elektrischen Energie aus der Atomenergie zu beziehen. Amerika bleibt auf diesem Gebiet weit zurück.

Für die meisten Länder bleibt nichts anderes übrig, als die Hälfte ihres Energiebedarfs mit Erdöl zu decken. Nach Voraussagen der Exxon Corporation würden dann 2 Prozent des Fremdbedarfs von China und der Sowjetunion geliefert, 43 Prozent von den nicht der OPEC angehörenden Ländern und von der OPEC 55 Prozent.

Der zweite Weg, um die Abhängigkeit herabzusetzen, der hier erwähnt wurde, ist darauf gerichtet, überhaupt den Anteil der Energie am Gesamtprodukt einer Volkswirtschaft zu vermindern. Er sollte bis zum Ende des Jahrtausends ebenfalls zu einigen Erfolgen führen. Nach der Prognose der Exxon Corporation werden die Bruttosozialprodukte bis zum Ende des Jahrtausends durchschnittlich jährlich um 3,5 Prozent wachsen, der Energieverbrauch aber nur um 2,5 Prozent. Der Anteil der Energie am wachsenden Endprodukt ist aber von Land zu Land verschieden. Man rechnet, daß die Zunahme in den Vereinigten Staaten von Amerika nur 1 Prozent betragen wird, in Europa 2 Prozent und in Japan 3 Prozent. Bis heute war das Verhältnis zwischen dem Wachstum der Produktion und dem Energiebedarf eher umgekehrt. In den Ländern, die heute den größten Anteil am Energieverbrauch aufweisen, also besonders in den Vereinigten Staaten, wird die Umstellung wegen der viel größeren Einsparungsmöglichkeiten dramatischere Ergebnisse zeigen als bei den bescheideneren Verbrauchern. In den ärmeren Entwicklungsländern, die bis jetzt wenig Energie absorbierten, wird der verhältnismäßige Anteil der Energie sogar noch wachsen. Man kommt also einer gerechteren Verteilung der vorhandenen Hilfsquellen näher. Die Vereinigten Staaten werden dann von 40 Prozent des gesamten Weltverbrauchs auf 33 Prozent zurückgehen, Europa von 27 Prozent auf 26 Prozent, während die Entwicklungswelt ihren Anteil am Kuchen von 19 auf 28 Prozent erhöhen dürfte.

Das Gesamtbild ist also nicht so düster, wie es von den Propagandisten der dritten Welt und der Entwicklungshilfe gemalt wird. Voraussetzung einer erträglichen Zukunft aber ist und bleibt: daß der Persische Golf im erwarteten Ausmaß weiter sein Rohöl – oder bald auch seine raffinierten Erdölprodukte, die er in immer größerem Umfang selber erzeugt – liefert; daß ferner die Kernenergie, unbehindert durch Vorurteile, Ängste und aufgeputschte Leidenschaften, in den Dienst der Völker gestellt werden kann; daß die Ersatzenergien zielbewußt entwickelt werden und schließlich, daß Sparmaßnahmen mit allem Ernst in Angriff genommen werden.

DIE MATERIELLEN RÜSTUNGEN

Wollen wir die Weltlage und unsere eigene Lage wirklich verstehen und von diesem Verständnis aus einen Blick in die Zukunft werfen, müssen wir uns mit den materiellen Mitteln, mit denen im internationalen Bereich Gewalt ausgeübt wird, vertraut machen. Ihr Bild ist heute überaus vielgestaltig. 1939 war es vor allem wichtig, die Zahl der Divisionen zu kennen, über die eine antagonistische Macht oder ein Verbündeter verfügte, die Zahl und die Art der Artilleriegeschütze und der Panzerkampfwagen, die Zahl und die Leistungen der Kriegsflugzeuge und Kriegsschiffe, den Stand der Befestigungswerke, um Gleichgewicht oder Ungleichgewicht in den strategischen Beziehungen zu beurteilen. Soziale, psychologische, wirtschaftliche Gewichte konnten in zweiter Linie in die Rechnung eingebracht werden. Im ganzen war sie einfach, wenn auch, wie die Ereignisse zeigen sollten, unzuverlässig.

Heute müssen wir in Rechnung stellen, wie verschieden die Kategorien der Machtgebilde sind, mit denen man zu tun hat. Handelt es sich um eine Weltmacht, einen Großstaat, eine Mittelmacht, einen Kleinstaat, einen Zwergstaat, ein Entwicklungsland, ein Allianzmitglied, einen Unverpflichteten, einen Neutralen? Ferner sind neben den üblicherweise berücksichtigten Größen zahlreiche andere, neue Parameter zu betrachten.

Heute steht überdies die Frage der nuklearen Bewaffnung im Vordergrund aller Elemente zur Beurteilung. Ob sie vorhanden ist oder nicht, entscheidet schon über den Rang, den ein Staat einnimmt. Damit ist vor allem auch das Problem, ob eine Nation über ein entwickeltes C3-System verfügt, eng verbunden. C3 ist das dem Englischen entnommene Kurzzeichen für Control, Command, Communications – also das Symbol für die modernsten Übermittlungssysteme im weitesten Sinn. Angesichts der Komplexität der Waffensysteme, vor allem aber wegen der Schwierigkeit, die heute vorgesehenen strategischen Methoden im Ernstfall auch anzuwenden, ist C3 von überragender Bedeutung. Die Verwendung militärischer Macht zur Abschreckung, zur Konfrontation, das Führen eines begrenzten Kriegs, um nur in Stichworten einige der modernen strategischen Optionen zu nennen, ist nicht denkbar ohne augenblicklich verfügbare Information über den Feind und die eigenen Kräfte und die sekundenschnelle Übermittlung von Befehlen.

Zudem ist als ein weiteres neueres Element das Gebiet der unkonventionellen, exotischen Waffen beträchtlich erweitert. Zu ihnen gehören insbesondere die Mittel der biologischen Kriegführung, die des chemischen Krieges und alle Mittel zur Störung der Übermittlung und zur Täuschung des Feindes.

Die Herstellung von Kriegsmaterial stellt besonders hohe Anforderungen an Forschung und Entwicklung und verlangt besondere Präzision bei der Ausführung. Gerade dieser Zweig der Wirtschaft ist deshalb noch immer vor allem die Domäne der industriell hochentwickelten Länder, ob sie nun groß oder klein sind. Diese Länder haben heute aber keineswegs das Monopol als Waffenschmieden. Verschiedene Entwicklungsländer erzeugen schon Waffensysteme für den Eigenbedarf. Einige wie z. B. Indien und Brasilien führen Waffen aus.

Länder, die das Opfer eines internationalen Embargos geworden sind, wie Israel und Südafrika, sahen sich gezwungen, eigene Waffen zu entwickeln und eine eigene Rüstungsindustrie aufzubauen. Auch sie sind darum heute in der Lage, Kriegsmaterial auszuführen. Das Ziel des Embargos wurde also verfehlt und in sein Gegenteil umgewandelt. Von den 56 Nationen, die über eine eigene Rüstungsindustrie verfügen, gehören 24 zur Entwicklungswelt. Ihre Produktion ist aber auf wenige und eher einfache Systeme beschränkt. Das Erfinden und Bauen vervollkommneter Waffen ist immer noch ein Monopol der alten Industrienationen.

So bleibt es dabei, daß die Entwicklungsländer, von

denen die meisten ja in den Spannungsfeldern einer im Umbruch befindlichen Welt liegen und ihre Sicherheit im Aufbau eigener Militärmacht suchen, auf Waffenkäufe im Ausland angewiesen sind. Von allen Rüstungseinfuhren, die in der Welt getätigt werden, nimmt die dritte Welt drei Viertel auf; nur ein Viertel geht in die Länder der industrialisierten Welt des Nordens.

Diese so ungleiche Verteilung der Importe verführt auf den ersten Blick zu der Feststellung, die Waffenschmieden der Industrienationen seien fast ausschließlich und im Übermaß für die Entwicklungswelt tätig. Sie wären es also, die aus ihrer notorischen Gewinnsucht eine friedlich-unschuldvolle Welt mit Waffen verseuchen. Diese Betrachtungsweise übersieht den großen Teil der Militärprodukte, der überhaupt nie ausgeführt, sondern von den Herstellern zum eigenen Gebrauch angefertigt und benötigt wird. Eine Ausnahme macht hier Frankreich, das Land mit dem im Verhältnis zu seiner Größe bedeutendsten Waffenexport der Welt. Der Exporteur ist hier nicht etwa die Privatindustrie, sondern der Staat. Die zu 60 Prozent verstaatlichte Rüstungsindustrie Frankreichs führt die Hälfte ihrer Erzeugnisse aus.

Die Herstellung und der Handel mit Waffen und mit Militärerzeugnissen im weitesten Sinn waren von jeher von Geheimnis umhüllt. Für die wenigsten Länder kann der Umfang der Rüstungsindustrie, die Zahl der in ihr Beschäftigten und die Gesamterzeugung auch nur geschätzt werden. Das hängt damit zusammen, daß der Begriff »Kriegsmaterial« dehnbar ist und viele industrielle Erzeugnisse, die nicht Waffen im eigentlichen Sinne sind, für den Bedarf der Armeen, Flotten und Luftwaffen, sei es als Bestandteile von Waffen und Munition, sei es als System der Übermittlung, der Transporte, der Sanitätsdienste, verwendet werden. Es fehlt also ein Bild, und es fehlen Zahlen des gesamten in der Welt erzeugten Militärbedarfs.

Nur die Exporte und Importe können genauer erfaßt werden, und das besonders, wenn sie die Entwicklungsländer betreffen. Vor allem das Stockholm International Peace Research Institute (SIPRI) vermittelt in einem Jahrbuch – mit anklägerischen, gegen die Industrienationen gerichteten Kommentaren – einen Überblick über alle grenzüberschreitenden Waffenkäufe. Auch das International Institute for Strategic Studies in London entwirft regelmäßig ein Bild dieser Transaktionen.

Im allgemeinen wird Umfang und Wert der Rüstungsindustrie für die Wirtschaft eines Landes überschätzt. Das törichte Wort vom »militärisch-industriellen Komplex«, das einst in eine Rede von Präsident Eisenhower eingeschmuggelt worden war, vermittelt den Eindruck, daß ein großer Teil der Industrie eines Landes eng mit dem Militär verknüpft sei. Diese Vorstellung wird auch aus der industriellen Frühzeit genährt, in welcher der zivile Bedarf an Stahl und Eisen noch gering war. Damals ging tatsächlich noch ein großer Teil der Produkte der Schwerindustrie in Rüstungsgütern auf. »Krupp« war einst im Volksmund gleichbedeutend mit Kanonen und Panzerplatten. Heute – man denke an den Bedarf der Automobilindustrie – ist das Verhältnis anders. In Frankreich zum Beispiel – es handelt sich immer um Schätzungen – sind 300 000 Personen in Rüstungsbetrieben tätig, was 1,5 Prozent der gesamten werktätigen Bevölkerung ausmacht. In Italien ist der Anteil der Militärindustrie an der gesamten Arbeitskraft 1 Prozent, in der Schweiz 0,6 Prozent.

Trotz dieser geringen Bedeutung für die Zahl der Beschäftigten ist die Rüstungsindustrie keineswegs unwichtig. Nur ein Land, das einen Teil seiner Waffen selber entwickeln und herstellen kann, ist in der Lage, eine wirklich unabhängige Sicherheitspolitik zu treiben. Für eine Welt- oder Großmacht ist einem anderen Lande Kriegsmaterial zu liefern oder es ihm vorzuenthalten seit langem ein Weg zu Beeinflussung und Machtausübung. Waffenlieferungen haben einen synergetischen Effekt; sie ziehen Beratung, Instruktion, Nachlieferungen nach sich. Zur Bezahlung der Waffen müssen Gegengeschäfte geschlossen, Kredite gewährt werden. Es bilden sich engere wirtschaftliche Beziehungen, oft auch persönliche Beziehungen und politische Verflechtungen.

Im Innern jedes Landes hat die Rüstungsindustrie auch eine gewisse antizyklische Wirkung. Da Zeiten der Rezession, der Arbeitslosigkeit oft mit Zeiten erhöhter internationaler Spannungen zusammenfallen und also Zeiten erhöhter Sicherheitsbedürfnisse werden, ist die Rüstungsindustrie unter Umständen geeignet, bei abnehmender Beschäftigung wenigstens einem kleinen Teil des Volkes Arbeit zu geben. Daraus zu schließen, Zeiten der Rezession seien Zeiten des Aufschwungs für die Waffenschmieden, wäre allerdings verfehlt. Das alles erklärt, warum parallel zu jedem industriellen Aufbau in irgendeiner Nation auch immer die Entwicklung einer eigenen Rüstungsindustrie angestrebt wird. Alle Entwicklungsplanung von hoher europäischer oder UNO-Warte wird das nicht verhindern können.

DER PREIS DER SICHERHEIT

Das Arsenal, über das eine Nation verfügt, die Waffen, die sie sich aus der Fülle des Angebotenen, des neu Erfundenen oder erst noch zu Erfindenden auswählt, sind Hinweise auf ihre Sicherheitspolitik, auf ihre Absichten und Befürchtungen. Ein weiterer wichtiger Hinweis auf das sicherheitspolitische Denken ergibt sich aus dem Preis in Geld, den sie für ihre Sicherheit oder auch für nötig erachtete Offensivmöglichkeiten auszugeben bereit ist. Die Zahlenvergleiche zwischen Militärausgaben sind allerdings mit Vorsicht zu betrachten, weil die Berechnungsmethoden und die Ausgangspunkte von Land zu Land verschieden sind. So wird zum Beispiel der Betrag der Militärausgaben für die Deutsche Demokratische Republik (DDR), also einen hochgerüsteten Staat mit stehender Armee von 160 000 Mann, pro Kopf der Bevölkerung als niedriger angegeben als der der Schweiz. Für die DDR werden 266 Dollar genannt, für die Schweiz 292 Dollar. Das kann eine Folge des höheren Preisniveaus der Schweiz sein. Es ist aber auch möglich, daß in der DDR ein Teil der Militärausgaben auf anderen Konten verbucht wird.

Auffallend ist zum Beispiel auch, daß die 45 000 Mann zählende Armee Saudi-Arabiens rund 1400 Dollar pro Kopf der Bevölkerung kostet, die zehnmal so große Armee der Bundesrepublik Deutschland rund 400 Dollar pro Kopf der Bevölkerung. Das weist eher auf die abgrundtiefen Verschiedenheiten der politischen und sozialen Strukturen und der Größenverhältnisse hin als auf das Sicherheitsbedürfnis an sich.

Es muß dem Leser überlassen bleiben, beim Überfliegen der Zahlen seine eigenen Betrachtungen anzustellen. Als Grundlage diene ihm die nachfolgende Tabelle, die mit Hilfe der Angaben des International Institute for Strategic Studies in London »The Military Balance 1979–1980« zusammengestellt ist. Die für unser Buch gewählte Reihenfolge zeigt zuerst die Weltmächte, dann die anderen Nuklearmächte, nachher, nach Erdteilen geordnet, eine Auswahl von militärisch bedeutenderen oder wegen ihrer Nähe zu den Konfliktherden oder wegen ihrer Besonderheit interessanten Nationen. Innerhalb der Gruppen sind die Staaten nach dem Betrag der pro Kopf der Bevölkerung gemachten Militärausgaben eingeordnet.

Militärausgaben 1979 (in Millionen Dollar)

	Militärbudget	Pro Kopf der Bevölkerung	% des Sozialprodukt
Weltmächte			
Sowjetunion	148 000	574	14,0
USA	114 000	520	5,0
China	46 000	46	10,0
Andere Nuklear-Mächte			
Frankreich	18 000	349	3,3
Großbritannien	17 000	314	4,7
Sonstiges Europa			
Schweden	3 300	400	3,4
Bundesrepublik Deutschland	24 000	396	3,4
Niederlande	4 700	338	3,3
Schweiz	1 800	292	1,9
DDR	4 500	266	5,8
Italien	7 000	124	2,4
Österreich	800	114	1,2
Polen	3 500	99	3,0
Mittlerer Osten			
Saudi-Arabien	14 000	1 404	15,0
Israel	1 600	425	24,5
Iran	10 000	273	11,0
Syrien	2 000	243	15,0
Irak	1 700	133	10,2
Asien			
Australien	3 000	209	2,7
Japan	10 000	87	0,9
Pakistan	1 000	14	5,7
Indien	3 700	6	3,2
Afrika			
Südafrika	2 100	76	5,2
Nigeria	1 700	25	7,8
Südamerika			
Kuba	1 100	118	8,3
Argentinien	1 500	56	3,3
Brasilien	2 000	18	1,0

Beim Vergleichen der Zahlen läßt sich feststellen, wie die meisten Entwicklungsländer, aber nicht alle, einen unverhältnismäßig großen Anteil des Bruttosozialprodukts für militärische Zwecke ausgeben. Doch werden in diesen Ländern, wie wir gesehen haben, auch Entwicklungsaufgaben vom Militär übernommen und belasten so das Budget der Sicherheitsausgaben. Der Schluß drängt sich aber auf, 3 bis 4 Prozent des Bruttosozialprodukts stelle einen vernünftigen Betrag dar und stelle ein ausgewogenes Verhältnis zwischen Wirtschaftskraft und Sicherheitsaufwand her.

Was mehr ist, erscheint übertrieben, es sei denn, das Land befinde sich in einer besonders bedrohten Lage, oder es habe weltweite Verantwortungen übernommen, die zu erfüllen sind. Oder es sei von einem besonderen Glauben an die Notwendigkeit besessen, die hier geschilderten Wunder moderner Kriegstechnik und von ihnen immer die neuesten Wunderwerke zu besitzen.

III
SINN UND WIDERSINN DER ATOMSTRATEGIE

DIE VERANTWORTUNG DER WELTMÄCHTE

Jede Nation in der Welt ist bemüht, sich vor den möglichen Angriffen eines anderen Mitglieds der Völkerfamilie zu schützen. Sie sucht von ihren Grenzen und von ihren inneren Strukturen Gewalttaten fernzuhalten und äußeren Druck von sich abzuwenden. Das ist einer der wesentlichen Inhalte nationaler Souveränität. Der Gebrauch aller zur Verwirklichung dieser Ziele zur Verfügung stehenden Mittel, einzeln oder in ihrer Gesamtheit, ist das, was man unter Strategie versteht. Art und Umfang dieser Mittel sind so verschieden von Staat zu Staat, wie die Staaten untereinander verschieden sind. So unterscheiden sich auch die Pläne zum Gebrauch dieser Mittel. Die Sicherheitsstrategie kann im Aufbau möglichst starker Streitkräfte bestehen, sie kann politische Elemente wie etwa das Gewinnen von Wohlwollen oder Einfluß bei Nachbarn in den Vordergrund rücken oder ihr Heil in wirtschaftlicher Stärke suchen. Die einen betrachten die Zugehörigkeit zu einem Bündnis oder zu Bündnissen als die beste Garantie der Sicherheit. Andere vertrauen der völligen Unabhängigkeit, der eigenen Kraft oder der Gunst ihrer besonderen Lage. Der größte Unterschied aber zwischen nationalen Strategien liegt heute in der den Nuklearwaffen eingeräumten Rolle.

Im folgenden werden einfache Bilder verschiedener Typen im Zeichen der Atomwaffen stehender nationaler Sicherheitsstrategien entworfen. Sie sollen zum Verständnis der allgemeinen Lage, zum Verständnis der eigenen Situation und zur besseren Einsicht in kommende Möglichkeiten beitragen. Dabei werden verschiedene Gruppen von Staaten unterschieden: Weltmächte, andere Nuklearmächte, potentielle Besitzer von Atomwaffen, industriell entwickelte Staaten, die über keine Nuklearwaffen verfügen, und schließlich Entwicklungsländer.

Die schrecklichsten Vernichtungswaffen, welche die Menschen bis jetzt erfunden haben und die vielleicht nie mehr durch noch Schrecklicheres übertroffen werden, bestimmen in hohem Maße das Sicherheitsstreben aller Nationen. Obwohl wir in der Politik und in der Technik die Worte »nie« und »nie mehr« überhaupt nicht oder nur mit äußerster Vorsicht verwenden sollten, ist es hier einmal am Platz. Denn wenn zur Stunde vorhandene Waffen tatsächlich weite Teile des Erdballs verwüsten und vielleicht die Bedingungen für das Fortbestehen von Leben im heutigen Sinne vernichten können, dann ist unvorstellbar, wie das Schrecknis noch gesteigert werden könnte.

Diese Vernichtungswaffe ist nur zweimal wirklich angewendet worden, nämlich im August 1945, als die beiden einzigen damals bestehenden und im Grunde noch experimentellen Nuklearbomben auf die beiden japanischen Städte Hiroshima und Nagasaki abgeworfen wurden. Heute stehen bei den beiden Weltmächten über fünfzehntausend nukleare Sprengköpfe zu sofortiger Verwendung bereit mit einer gesamten Sprengkraft von über 12 000 Megatonnen, was der Wirkung von 12 Milliarden Tonnen traditionellen Sprengstoffs entspricht. Dabei ist unter Wirkung nur an die Sprengwirkung zu denken; die biologischen Wirkungen sind nicht in Rechnung gestellt. Keine dieser Waffen ist außer bei ihrer Erprobung je verwendet worden. Ihre Ungeheuerlichkeit erklärt die Besorgnis der für dieses Zerstörungspotential Verantwortlichen, erklärt die unaufhörliche Beschäftigung von Forschern und Planern mit der Möglichkeit oder Unmöglichkeit ihres Gebrauchs, mit der Verhinderung zufälliger oder mißbräuchlicher Explosionen und rechtfertigt die unabsehbare Fülle von Vorschlägen für eine diesen Waffen angemessene Strategie. Und sie erklärt die Furcht, die den denkenden Menschen beschleicht, eine Furcht, die in Angst ausmünden kann angesichts einer unausmeßbaren Gefahr. Zu helfen, dieser Gefahr bei klarem Bewußtsein ins Auge zu schauen, ist der Zweck der folgenden Darstellung.

Jede Beschäftigung mit Atomwaffen und Atomstrategie muß fast zwangsläufig in den Wunsch münden, daß jeder vor dem Gebrauch solcher Waffen überhaupt zurückschrecken möge, daß also ihre gegenseitig abschreckende Wirkung ihre Verwendung überhaupt ausschließe. Doch ist dieser Gedanke zu einfach. Die Waffen sind ja vorhanden. Das Denken über sie wird bei den beiden Weltmächten gewiß nicht auf gleiche Weise vollzogen. Selbst wenn sich beide Seiten immer wieder im Bewußtsein ihrer Verantwortung zum Wunsche nach dem Nichtgebrauch ihrer Atomwaffen bekennen.

Wir dürfen hier daran erinnern, daß die amerikanische Atomstrategie ursprünglich von dem Gedanken ausging, es sei möglich, durch die Drohung mit nuklearer Vergeltung jeden Angriff auf die Vereinigten Staaten oder einen ihrer Verbündeten unmöglich zu machen. So wie einst nach der Erfindung des Dynamits durch Alfred Nobel im letzten Viertel des 19. Jahrhunderts die Meinung aufkommen konnte, die Gefährlichkeit des neuen Sprengstoffs werde Kriege als allzu verlustreich verhindern, so kam jetzt der naive Glaube auf, die »absolute Waffe« in der Hand Amerikas sei eine Friedensgarantie auf alle Zeit. Die Vergeltungsdrohung sollte genügen, so dachte man, einen Angreifer, der zugleich als Übeltäter betrachtet wurde, von seinem Vorhaben abzuhalten.

Hier kam die traditionelle amerikanische Anschauung zum Ausdruck, ein Angreifer sei wesensmäßig im Unrecht und müsse deshalb bestraft werden. Zugleich schien es nun möglich, die Aufwendungen für eine große konventionelle Armee, Flotte und Luftwaffe einsparen zu können. Nachdem 1954 für Amerika das Monopol der Atomwaffen verlorengegangen war und besonders nachdem die Kriege in Ostasien – Korea und Vietnam – die Unglaubwürdigkeit und Wirkungslosigkeit der ursprünglichen Doktrin der massiven Vergeltung, also der Bestrafung eines Aggressors, bewiesen hatten, setzten sich viel differenziertere Anschauungen durch. Amerika sollte nun, so lautete die neuere Doktrin, neben der Atomwaffe auch über starke konventionelle Streitkräfte verfügen, welche die Staatsführung von der einzigen Alternative – Nachgeben, also Kapitulation, oder nukleare Vernichtung des Gegners – befreien würden.

Amerika entwickelte und entwickelt noch heute diese Basis für eine vielseitige Strategie, in der die Atomwaffe wohl das stärkste, aber nicht das einzige Mittel der Abschreckung ist. Der Glaube in die Anwendbarkeit gerade des stärksten Mittels wurde von Jahr zu Jahr mehr erschüttert, im gleichen Maße, in dem die Sowjetunion ihre nuklearen Streitkräfte bis zur Gleichheit oder zur Überlegenheit aufbaute. Gegen Ende der sechziger Jahre war jedenfalls ein Zustand erreicht, in dem die gegenseitige Abschreckung der Weltmächte die beherrschende Tatsache internationaler Politik geworden war.

In der Sowjetunion ging die Entwicklung der strategischen Vorstellung den geradezu entgegengesetzten Weg. Dank der gewaltigen Überlegenheit der eigenen Land- und Luftstreitkräfte nach der einseitigen Demobilmachung in Amerika am Ende des Zweiten Weltkrieges hatte Moskau nur eines zu fürchten: die massive Vergeltung durch das Mittel amerikanischer Atombomben. Man sah sich der neuen Abschreckungsstrategie ausgesetzt, der man anfänglich nichts Gleichwertiges entgegenstellen konnte. Die an sich eindrucksvolle militärische Drohung, mit den russischen Panzerarmeen in Westeuropa einzufallen, die dort unerhörte Zerstörungen anrichten konnten, war in ihrem Gewicht doch nicht zu vergleichen mit der in der Hand Washingtons liegenden Möglichkeit, mit einer Bomberflotte den größten Teil der Großstädte und Industriereviere der Sowjetunion vernichten zu können. Die Schwäche der sowjetischen Position wurde noch dadurch betont, daß sich ihre mit konventionellen Armeen zu führende Vergeltung nicht gegen Amerika selber richten konnte, sondern nur gegen das gewissermaßen als Geisel gehaltene Westeuropa.

Nichts außer einer erbitterten Propagandakampagne gegen die Atombombe an sich, in die sich die Anhänger der Sowjetunion in Westeuropa gerne einspannen ließen, und eine damit parallel einhergehende Anstrengung, sich selber auch in den Besitz der absoluten Waffe zu setzen, blieb der Sowjetunion in dieser Lage übrig. Auf beiden Linien des Vorgehens war Moskau erfolgreich. Spätestens zu Beginn der sechziger Jahre war die amerikanische Drohung mit massiver Vergeltung unglaubwürdig geworden – unglaubwürdig für die Verbündeten Amerikas und unglaubwürdig für die Amerikaner selber, weil die Sowjetunion jetzt die Drohung mit einer entsprechenden Drohung beantworten konnte.

Während nun die Amerikaner ihre Strategie zu verändern begannen, um sie einer veränderten Lage anzupassen, wobei sie von ihrer ursprünglichen Vorstellung, jeden Angreifer abschrecken, abhalten und bestrafen zu können, möglichst viel zu retten versuchten, konnte die Sowjetunion einfach auf dem einmal gewählten Weg fortschreiten. Es war der Weg des Vervielfachens der Zahl der nuklearen Fernwaffen, um die Möglichkeit ernster Bedrohung durch Amerika auszuschalten. Die Drohung mußte gewissermaßen in der Masse ertränkt werden. Damit war zugleich auch die ursprüngliche Überlegenheit oder eher der Wert der Überlegenheit auf konventionellem Gebiet wiederhergestellt.

Aus diesem historischen Ablauf erklärt sich auch die Abneigung der sowjetischen Theoretiker, von Abschrekkung auch nur zu hören. Sie begleitet die Abneigung gegen komplizierte Nuklearkriegstheorien nach amerikanischem Muster. Daß ein »Gleichgewicht der Abschrekkung« besteht, wird stillschweigend anerkannt. Es genügt aber Moskau, die amerikanischen Strategien durch massive Machtentfaltung unglaubhaft zu machen und alles zu tun, um einen Krieg, sofern er ausbrechen sollte, bis zur Niederlage des Gegners führen zu können.

Hier schon muß davor gewarnt werden, das Gleichgewicht der Abschreckung nach der Zahl der bei jeder der beiden Weltmächte vorhandenen Atomsprengköpfe und nach der Explosivkraft der zum Abschuß bereitstehenden Geschosse zu beurteilen. Tatsache ist doch, daß diese Elemente auf beiden Seiten im Übermaß vorhanden sind, so daß auch eine erhebliche Ungleichheit des Zahlenverhältnisses angesichts der gewaltigen Zerstörungskraft des Vorhandenen gar nicht zur Geltung käme. Das wird durch amerikanische Berechnungen belegt. Nach ihnen würden in der Sowjetunion durch eine Beschießung mit

Fernwaffen im Umfang von insgesamt 300 Megatonnen 75 Prozent der sowjetischen Industrie vernichtet. Bei Verwendung von 1200 Megatonnen wäre das Ergebnis nicht größer. Mit 300 Megatonnen würden 25 Prozent der Bevölkerung der Sowjetunion getötet, mit 1200 Megatonnen 45 Prozent.

Das Gleichgewicht des Schreckens schien nun fast unerschütterlich stabilisiert. Abschreckung ist aber nicht nur das Kind meßbarer Machtverhältnisse. Ob sie wirksam ist oder nicht, hängt von psychologischen Vorgängen ab. Es ist nötig, daß der abzuschreckende Teil auch glaubt, die Drohung, die gegen ihn gerichtet wird, werde verwirklicht, sofern er sich darüber hinwegsetze. Es ist nötig, daß der abschreckende Teil die Entschlossenheit aufbringt, in der Atmosphäre einer schweren Krise seine Drohung wahr zu machen und die Folgen, die dann auch ihn treffen, auf sich zu nehmen. Und die Gegenseite muß an solche Entschlossenheit auch glauben.

Das sind Parameter, die nicht gemessen und nicht gezählt werden können. In ihrer Abhängigkeit von Stimmungen in der öffentlichen Meinung der Völker, von der Qualität ihrer Staatsmänner, von den unergründlichen Vorgängen in ihrer Seele, von den ihnen offenstehenden Möglichkeiten, einen Führungsentschluß auch materiell zu verwirklichen, sind sie Schwankungen unterworfen. Das Gleichgewicht des Schreckens gleicht also nicht dem Zustand einer auf beiden Schalen gleich belasteten Waage, die einfachen Gesetzen der Mechanik folgt, sondern dem einer Windfahne, die sich im Sturme des politischen Geschehens ächzend dreht.

Angesichts solcher Ungewißheiten in gefahrvollen Augenblicken die Sicherheit, die Größe, den Überblick zu haben, welche Voraussetzungen des richtigen Entschlusses sind: das ist die Verantwortung der Weltmächte.

Wir fragen hier nach dem Heute und nach der Zukunft und verzichten darum darauf, alle die verschiedenen Gedankengänge, Lehrmeinungen und Vorschläge darzustellen, die im Laufe der Jahre in den Vereinigten Staaten von Amerika vorgetragen wurden und zum Teil als strategische Doktrin Geltung erlangt haben. Nur diese und nur diejenigen der letzten Zeit seien hier erwähnt.

Am längsten behauptete sich als offizielle strategische Doktrin die der »sicheren Zerstörung« *(assured destruction)*. Sie war während der Amtszeit von Robert S. McNamara als Verteidigungsminister im Pentagon von 1961 bis 1967 Schritt für Schritt ausgearbeitet worden und hatte etwa von 1963 an beherrschende Gültigkeit. Die These lautete, daß die Vereinigten Staaten dafür sorgen müssen, auch im Falle des massivsten sowjetischen Überfalls auf ihre Fernlenkwaffen noch so viele von ihnen verfügbar zu haben, um 50 bis 75 Prozent der sowjetischen Industrie und 20 bis 25 Prozent der Bevölkerung vernichten zu können, und zwar in augenblicklicher Beantwortung des Angriffs. Warum das augenblicklich geschehen müßte, ist durch die Furcht, ein zweiter Überfall könnte die Vergeltungsmacht weiter einschränken, nur teilweise erklärt. Die Erklärung liegt eher im emotionalen Begriff der Vergeltung und im Überleben der Vorstellungen aus der Frühzeit der Atomstrategie.

Es liegt auf der Hand und ist in die amerikanischen Berechnungen einbezogen, daß die Sowjetunion ebenfalls über die Mittel der sicheren Zerstörung verfügt. Und das Ziel der sicheren Zerstörung könnte von ihr um so leichter erreicht werden, als die Vereinigten Staaten, um das Gleichgewicht des Schreckens zu festigen, das ja den Nuklearaustausch überhaupt ausschließen soll, auf die eigene Verteidigung gegen Fernlenkwaffen fast völlig verzichtet haben. Verzichtet haben sie auch auf den Zivilschutz, zum Teil wegen der Schwäche der innenpolitischen Strukturen, denen diese Anstrengung nicht zugemutet werden kann, vor allem aber, um der Sowjetunion täglich zu beweisen, daß man keinen Nuklearschlag als erster gegen sie führen wolle. Man beweist, daß man ihn auch nicht führen wollen könne, weil man die Bevölkerung ja nicht dem Massaker auszusetzen gedenke. Amerika hat also freiwillig seine Bevölkerung als Geisel, als Garantie für seine Absicht, keinen Nuklearangriff zu führen, hingegeben. Man nennt das Eigenabschreckung. Tatsache ist und bleibt, daß, wenn dieses ausgeklügelte System der Abschreckung versagen sollte, nichts mehr anderes übrigbleibt als das Hinmorden von Hunderten von Millionen Menschen.

Aus dieser auf die Spitze getriebenen Durchbildung nuklearer Strategie bis zum Absurden ergab sich die Frage, wie denn der ungeheure und weitverzweigte Apparat der nuklearen Streitkräfte überhaupt noch in den Dienst einer sinnvollen Außenpolitik gestellt werden könne. Der Einwand, was denn wirklich geschehe, wenn die Abschreckung versagt, stand schon in den fünfziger Jahren, als die *dissuasion* aufgebaut wurde, im Vordergrund der strategischen Diskussion – sowohl in Amerika selber wie zwischen Amerika und seinen Verbündeten. Der Einwand war so stark, daß er zu der Erkenntnis zwang, es seien genügende konventionelle Streitkräfte nötig, um einem Angriff ohne den Gebrauch von Nuklearwaffen begegnen zu können, und ohne daß man gezwungen wäre, sofort zur massiven Vergeltung zu greifen.

Aber die Einwände gingen tiefer und weiter. Die besten strategischen Denker wie auch die militärischen

Planer setzten sich eingehend mit ihnen auseinander. Als Beispiele für die Ergebnisse solcher Auseinandersetzung können hier die Gedankengänge dienen, die in einem Artikel von Fred C. Iklé 1973 in der Zeitschrift »Foreign Affairs« veröffentlicht wurden. Dort wird die Frage gestellt, ob es einen Sinn habe, in dem grauenvollen Fall des Versagens der Abschreckung, wenn also z. B. in Amerika mehrere Städte mit ihren Einwohnern vernichtet werden, sofort eine entsprechende Anzahl von Städten in der Sowjetunion zu zerstören und ihre Einwohner ums Leben zu bringen. Dabei liegt eine besondere Betonung auf dem Wort »sofort«. Ist das Unglück einmal geschehen, spielt es ja keine Rolle, ob der Gegenschlag, sofern man ihn als notwendig betrachtet, nach Minuten erfolgt oder nach Tagen. Ein Verzicht auf den sofortigen Gegenschlag würde, so wird überzeugend dargelegt, zwei Gefahren bannen: die erste ist die Gefahr des irrtümlichen Abfeuerns von Fernlenkwaffen. Am Anfang des Atomzeitalters hatte man sich intensiv mit der Möglichkeit des Irrtums oder des technischen Fehlers auseinandergesetzt. Diese besondere Sorge trat dann in den Hintergrund, weil die Sicherheitsvorkehrungen ausgebaut worden waren. Diese Sorge müßte aber eigentlich weiterbestehen, und die Sicherungen müßten noch gestärkt werden. Das wäre möglich, sofern auf die Forderung, der Gegenschlag müsse augenblicklich erfolgen, verzichtet wird. Es lassen sich dann zusätzliche Sicherungen gegen technisches und menschliches Versagen einbauen.

Die zweite Gefahr, die beim Verzicht auf die Forderung, der Gegenschlag müsse augenblicklich geführt werden, vermindert werden könnte, ist die der Zerstörung der Gegenschlagwaffen durch den gegnerischen ersten Schlag, der ja möglichst entwaffnend sein wird. Wenn man die Antwort nicht augenblicklich erteilen muß und will, lassen sich die Gegenschlagwaffen besser sichern. Sie lassen sich in tieferen Silos im Boden versenken. Sie können mit stärkeren Panzerdeckeln geschützt werden, und ähnliche Maßnahmen, welche die Schußbereitschaft verzögern, die Missiles aber unverletzlich machen, können ergriffen werden.

Unter dem Einfluß solcher und ähnlicher Überlegungen wandelte sich die amerikanische strategische Doktrin tatsächlich. Es muß aber immer im Auge behalten werden, daß das Instrument sich nicht im Gleichschritt mit der wechselnden Doktrin ändern kann. Bereits die Wahl der zu zerstörenden Ziele und die Programmierung jeder einzelnen Waffe und jedes Sprengkopfes auf ein neues Ziel ist eine langwierige Aufgabe. Wir tun gut daran, uns die Trägheit der Materie zu vergegenwärtigen und sie dem leichten Flug der Gedanken gegenüberzustellen.

Als der amerikanische Verteidigungsminister James R. Schlesinger, im Amt von 1973 bis 1975, darauf hinwies, es bestehe durchaus die Möglichkeit eines beschränkten, begrenzten Atomkrieges, war die Zahl der praktisch ausführbaren Möglichkeiten noch gering. Eine dieser Möglichkeiten wäre der Gebrauch von Atomsprengköpfen nur in einem engeren Operationsgebiet von Land- oder Seestreitkräften gewesen. Auf der strategischen Ebene hätte dann die Wahl bestanden zwischen einigen nuklearen Warnschüssen und – wäre die Warnung wirkungslos gewesen – dem Abfeuern von Tausenden von Missiles gegen das Gebiet der Sowjetunion. Sie wären in einer ersten Phase vor allem gegen militärische Ziele wie Lenkwaffenstellungen, Übermittlungseinrichtungen und Verkehrszentren gerichtet gewesen. Angesichts der Nebenwirkungen von Nuklearwaffen wäre es aber auch so unvermeidlich gewesen, Millionen von Menschen zu töten.

Das Ergebnis des Neuüberdenkens, das sich angesichts des unaufhörlich wachsenden und sich nach Wirkung und Genauigkeit verbessernden Arsenals der Sowjetunion aufdrängte, war schließlich und ist heute, daß sich neben die Möglichkeit der »Sicheren Zerstörung« eine ganze Reihe anderer Optionen gestellt hat. Schon unter der Präsidentschaft von Richard M. Nixon von 1969 bis 1974 waren viele neue Möglichkeiten strategischer Wahl erforscht worden. Unter Präsident Jimmy Carter, der von 1977 bis 1981 im Weißen Hause war, kam die heute geltende Strategie zustande. Auch sie ist, das soll nie vergessen werden, im Fluß und wird fließend bleiben. Der neue nuklearstrategische Gesamtplan wurde in einer am 25. Juli 1980 unterzeichneten Direktive des Präsidenten niedergelegt. Eine Darstellung ihres Inhalts, vor allem als eine Botschaft an Moskau gedacht, findet sich in einer Rede von Verteidigungsminister Harold Brown vom 20. August 1980.

Die Doktrin ist insofern nicht neu, als der Grundgedanke immer der der Abschreckung ist. Im Hintergrund steht unverändert wie seit Jahrzehnten die totale Vergeltung mit der einzigen Einschränkung, daß sie nur im Falle massiver Angriffe auf die Vereinigten Staaten selber ausgelöst würde. Den breiten Vordergrund bilden abgestufte Verfahren, die als Kompensations- oder Neutralisierungsstrategie, *countervailing strategy,* bezeichnet werden.

Wie ein solcher Krieg im einzelnen geführt würde, kann von offizieller Stelle, vom Oberbefehlshaber der Streitkräfte, natürlich nicht enthüllt werden. Aber es wird offen daran festgehalten, daß im Falle eines sowjetischen Angriffs mit Nuklearwaffen mittlerer Stärke mit streng begrenzten »selektiven« Angriffen auf ausgewählte Ziele geantwortet würde. Diese ausgewählten Ziele könnten feindliche Streitkräfte, sowohl konventionelle wie solche mit nuklearen Möglichkeiten, sein. Es würden aber auch Nachrichtenverbindungen, Zentralen der politischen und militärischen Führung, Verkehrsachsen und bestimmte kriegswichtige industrielle Anlagen einprogrammiert oder, wie man früher sagte, aufs Korn genommen.

Diese Angriffe würden gesteigert nach Maßgabe der Intensivierung oder doch Fortsetzung des gegnerischen Angriffs oder der Weigerung des Feindes, trotz allem vom Kriege abzulassen. Eine solche Strategie, die zwar auf den Gebrauch der Nuklearwaffe nicht verzichten will, aber die gegenseitige nukleare Vernichtung vermeiden soll, trägt leider die Gefahr, ja geradezu die Gewißheit der Steigerung zu eben diesem allgemeinen Krieg in sich. Das ist auch ihren Urhebern bewußt.

Die amerikanischen Signale an die Sowjetunion, die im Bekanntgeben der Kompensationsstrategie enthalten sind, vermitteln auch die deutliche Warnung, daß selbst ein konventioneller Angriff in wichtigsten Zonen, vor allem also in Westeuropa, sofern er sonst nicht aufgehalten werden kann, mit den für das eigentliche Operationsgebiet geschaffenen Nuklearwaffen beantwortet würde. Daß in diesem Fall auch die entsprechenden Waffen der Sowjetunion mindestens im engeren Operationsgebiet angewendet würden, ist sicher und ist von Moskau immer wieder erklärt worden.

Ob bei einem derartigen Szenario die Sowjetunion auf die amerikanische Strategie eingehen und einen engbegrenzten oder auch erweiterten nuklearen Angriff mit einem entsprechend begrenzten Gegenschlag oder mit angepaßten Gegenschlägen beantworten würde und nur mit solchen, ist eine offene Frage – eine große Frage. Und ob die Vereinigten Staaten eine derartige Operation mit der Präzision und der Zurückhaltung führen könnten, die zu ihrem Gelingen nötig wäre, ist ebenso fraglich.

Auf beiden Seiten, selbst wenn die Führung auf beiden Seiten zu solchem Florettfechten mit Atombomben bereit wäre, würde die Kriegführung einen fehlerlos spielenden Übermittlungsapparat voraussetzen. Weil aber diese Art des Krieges ausgerechnet auch gegen C3 geführt würde, ist mit einem schnellen Zusammenbrechen der ohnehin verwundbaren Kommandoverbindungen zu rechnen. Man denke nur an die in den Meerestiefen kreuzenden Unterseeschiffe mit ihren Fernlenkwaffen. Es ist mehr als wahrscheinlich, daß sie im Kriegsfall von ihren Verbindungen abgeschnitten werden. Oder die Übermittlung kann so gestört werden, daß Befehle mißverstanden werden.

Sollte nicht diese Strategie so verfeinert werden, daß man die Beobachtung des Gegners, seine Satelliten, sein Übermittlungsnetz sorgfältig schont, damit beide Seiten, wenn sie es möchten, ihre furchtbaren Waffen streng im Zaum halten können? Solche Gedanken grenzen an *Science-fiction* und halten der bitteren Wirklichkeit nicht stand.

Die Gefahr besteht offensichtlich, daß auch die verfeinerte Abschreckungsstrategie, ob man sie nun Kompensations- oder Neutralisierungsstrategie oder noch anders nenne, das Tor zum Nuklearkrieg öffnet. Kann es je wieder geschlossen werden, ehe nicht weite Strecken der Welt ein rauchender Trümmerhaufen und Millionen von Menschen verbrannt, verschüttet, pulverisiert oder durch radioaktive Strahlen getötet sind? Wie man solche Strategien auch plant und darstellt, so bedeuten sie im Grunde nichts anderes als die Strategien der gegenseitigen Abschreckung, die so lange spielen, als die Verantwortlichen die grauenvollen Zerstörungen eines Atomkriegs wirklich vermeiden wollen.

Die Nuklearstrategie der Union Sozialistischer Sowjetrepubliken stellt sich in ihren öffentlichen Formulierungen wesentlich einfacher dar als die der Vereinigten Staaten von Amerika. Sie ist in ihrem Wesen militärisch, weniger von politischen Erwägungen durchtränkt. Ihre Autoren sind Militärs, wenn auch die politische Wissenschaft wie die Naturwissenschaften an der Gestaltung der Strategie naturgemäß mit beteiligt sind. Die Zahl der Publikationen und vor allem der Äußerungen und Debatten in Zeitungen und Zeitschriften ist weit geringer als in Amerika. Daraus zu schließen, das Ergebnis müsse schlechter sein, wäre indessen falsch.

Neben und über den Arbeiten in Büchern und Zeitschriften steht ein eigentliches Standardwerk, das offizielle Geltung beanspruchen darf. Es ist das von einem Autorenkollektiv unter Leitung von Marschall W. D. Sokolowski 1962 verfaßte Buch »Militär-Strategie«. Das Werk ist seither in mehreren den geänderten Verhältnissen angepaßten Neuauflagen erschienen. Wichtige Angaben zur Strategie liefert ferner die Sowjetische Militär-Enzyklopädie. Wichtiger als alle Sekundärliteratur sind indessen unter den Verhältnissen der Sowjetunion die Verlautbarungen höchster Autoritäten, die gelegentlich in ihren politisch-programmatischen Reden die Militärstrategie behandeln, allerdings nur in Andeutungen.

Was in erster Linie auffällt, ist das Fehlen jeder Kongruenz zwischen den amerikanischen und den sowjetischen Lehren. Der Gedanke eines begrenzten Krieges sowohl im Bereich der konventionellen wie der nuklearen Auseinandersetzung findet im sowjetischen strategischen Denken keinen Raum. Ein Angreifer – in Rußland wie in Amerika gilt der Feind immer als der Angreifer, wie auch der Krieg begonnen haben mag – soll innerhalb der kürzesten Zeit geschlagen werden. Dazu sind alle Kampfmittel, und zwar vor allem auch die atomaren aller Stufen, recht, sobald es um einen für das Sowjetreich existentiell wichtigen Konflikt geht. In den ersten Stunden eines Krieges sollen die Fernlenkwaffen des Gegners, seine Flugwaffe und seine Landstreitkräfte außer Gefecht gesetzt werden. Gleichzeitig wird das Hinterland durch die Zerstörung ausgewählter Objekte desorganisiert. Jede politische und wirtschaftliche Möglichkeit zur Weiterführung des Krieges soll so dem Gegner genommen werden. In diesem Zusammenhang gelten die Vereinigten Staaten von Amerika, die als der selbstverständliche Gegner betrachtet werden, durchweg als das Hinterland, dessen Hilfsquellen auszuschalten seien.

Die Landarmeen werden dann verwüstete und zum Teil radioaktiv verseuchte Gebiete vor sich sehen, in die sie mit ihren mechanisierten Verbänden rasch eindringen. Sie werden übriggebliebene Widerstandszentren erobern und geopolitisch wichtige Zonen besetzen. Ein totaler Erfolg bei der Erreichung dieser Ziele in der ersten Phase des Krieges ist besonders wichtig und muß durch die augenblickliche Entfaltung aller Mittel erreicht werden.

Mit eigenen Verlusten wird realistisch gerechnet. Im Hinterland sind sie durch die Raketenabwehr, die Fliegerabwehr und durch den Zivilschutz möglichst tief zu halten. Es wird aber gar nicht bezweifelt, daß es möglich sein wird, im Laufe des Krieges die Verluste an den Fronten aus Reserven wiedergutzumachen und ganze Verbände in der Tiefe der Sowjetunion neu aufzustellen. Die Industrie soll in der Lage sein und bleiben, weiteren Kriegsbedarf einschließlich Nuklearwaffen zu fabrizieren.

Es gab Andeutungen in gewissen Schriften, die auf die Absicht schließen lassen, einen nuklearen Überraschungsangriff des Feindes und alle seine aggressiven Pläne durch einen rechtzeitig geführten Vernichtungsschlag zu vereiteln. Das würde also die Auslösung eines Präventivkrieges oder sogar eines Präemptivkrieges bedeuten. Man kann aber annehmen, diese These sei überholt, da die technische Entwicklung, die Existenz von unverwundbaren Gegenschlagwaffen wie Unterseeschiffen, Bombern und befestigten Silos im amerikanischen Arsenal ein solches Vorgehen als selbstzerstörerisch erscheinen läßt.

Die dargestellte strategische Grundkonzeption ist geeignet, die Vorstellung zu wecken, die Sowjetunion sei im Grunde geneigt, einen großen Krieg in Kauf zu nehmen, und zwar im festen Glauben, ihn auch gewinnen zu können. Das war gewiß einst die geltende Doktrin. Es trifft aber heute nicht mehr zu. Denn zu einfach wäre die These, ein Krieg, in den die Weltmächte verwickelt sind, werde ein Nuklearkrieg sein, der von der Front bis ins tiefste Hinterland reicht. Zwar würde er schwere Verluste fordern, müßte aber eben geführt werden wie früher schon alle Kriege, und er könnte nach einem dramatischen und zerstörerischen Auftakt auch lange dauern. Nach dieser Doktrin würde der lange Krieg dann mit dem Sieg der Sowjetunion enden, da ja gemäß den Thesen des wissenschaftlichen Sozialismus das kapitalistische System schließlich untergehen muß.

Wie Leonid Breschnew in der anläßlich des sechzigsten Jahrestags der Oktoberrevolution am 2. November 1977 gehaltenen Rede ausführte, stehen heute andere Gesichtspunkte im Vordergrund. Die alte Doktrin ist offenbar nicht mehr gültig. In maßgebenden Äußerungen von seiten der Sowjetunion wird jetzt die zerstörerische Wirkung eines Nuklearkriegs und die Notwendigkeit, ihn zu vermeiden, betont. Es wird auch anerkannt, wie sehr die politischen, die militärtechnischen und die strategischen Wirkungen aller neuen Waffen der Massenvernichtung mit Ungewißheiten belastet sind. Breschnew fordert eindeutig die Verminderung der Gefahr eines Atomkriegs und schließlich dessen Verhinderung.

Wenn auch der Begriff und das Wort »Abschreckung« in Moskau verpönt bleiben, so ist es doch heute so, daß die Sowjetunion ein strategisches Gleichgewicht anstrebt, das den Ausbruch eines großen Krieges unmöglich macht. Wie stark die eigenen Streitkräfte sein müssen, um dieses Gleichgewicht aufrechtzuerhalten, wird in Moskau immer neu entschieden. Die Sowjetunion mit dem ihr eigenen totalen Mißtrauen gegen die Umwelt wird kaum je zur Gewißheit gelangen, sie verfüge über genügend Waffen, um das Gleichgewicht wirklich unerschütterlich zu machen. Deshalb hält sie auch daran fest, ihre frühere strategische Doktrin in die Welt zu projizieren. Sie soll als abschreckende Drohung zur Verunsicherung des Feindes dienen. Das Bild ist das eines erbarmungslosen, lange dauernden Nuklearkrieges, den sie siegreich übersteht. Um diese Waffe der psychologischen Abschreckung nicht aus der Hand zu geben, wird die frühere Militärdoktrin auch nicht in aller Form widerrufen.

Zweifellos aber steht fest, daß Moskau nicht auf eine begrenzte nukleare Kriegführung, wie sie den amerikanischen Theoretikern vorschwebt, eingehen würde. Für Moskau ist die Eskalation, das Aufsteigen des Krieges auf höhere Ebenen, wenn einmal der Anfang gemacht ist, eine unvermeidliche Folge.

Es ist im übrigen für die sowjetische strategische Theorie leicht, auf lange Sicht die Abschaffung aller Nuklearwaffen zu fordern. Man ist überzeugt, daß das in der heutigen Welt gar nicht möglich ist. Sollte das Wunder aber unter einer veränderten Weltkonstellation je Wirklichkeit werden, so hätte die Sowjetunion ohnehin die Übermacht. Denn sie wird auf ihre Militärmacht nie verzichten, während sie annehmen darf, in der freiheitlichen Umwelt werde die Wehrbereitschaft ohnehin weiter absinken. In der Tat ist heute keine demokratische Regierung, kein freies Volk je in der Lage, durch verstärkte Militarisierung eine konventionelle Militärmacht aufzubauen, die derjenigen der Sowjetunion auch nur nahe käme. Das wäre indessen die Voraussetzung für den Verzicht auf die Atomwaffen.

ANDERE NUKLEARMÄCHTE

Neben den Weltmächten Sowjetunion und Vereinigte Staaten von Amerika, die über ein vollständiges Nukleararsenal verfügen, dessen ständige Modernisierung und Stärkung mit der Sorge um das Gleichgewicht der Abschreckung erklärt wird, ist die dritte Weltmacht, China, erst am Anfang des Aufbaus einer solchen Panoplie.

China verfügt über nahezu tausend nukleare Sprengkörper und über Fernwaffen wie Mittelstreckenbomber und Mittelstreckenmissiles mit Reichweiten von 3000 Kilometern. Von China aus können also Japan, weite Teile Südostasiens, Indien und in der Sowjetunion Sibirien und die zentralasiatischen Gebiete erreicht werden. Interkontinentalmissiles mit Reichweiten von bis zu 13 000 Kilometern sind von China schon erprobt worden. Es verfügt über das Wissen, das technische Können und die industrielle Basis und vor allem über die große geographische Ausdehnung, die ein verhältnismäßig sicheres Aufstellen der Waffen erlaubt, um eine Weltmachtrolle unter den Nuklearmächten spielen zu können.

Ganz anders ist die Lage der beiden westeuropäischen Nuklearmächte Großbritannien und Frankreich. Wegen ihrer geringen Oberfläche sind an Land in Stellung gebrachte oder von Flugzeugen getragene Fernwaffen in einem Maße verwundbar, daß sie in einem Konflikt mit einer Weltmacht wohl in den ersten Stunden vernichtet würden. Aus diesem Grund hat Großbritannien seine Nuklearwaffen in vier Unterseekreuzern konzentriert. Seine Bomberflotte wurde, nachdem sie obsolet geworden war, aus Kostengründen nicht mehr erneuert. Die Unterseekreuzer sind mit je 16 amerikanischen Polaris-Lenkwaffen mit je drei einzeln lenkbaren Wiedereintrittskörpern bewaffnet. Mindestens einer der Kreuzer befindet sich stets auf hoher See, so daß das Vereinigte Königreich wenigstens der Form nach über eine unabhängige eigene Abschreckungswaffe verfügt. Daß sie unabhängig verwendet werden könnte, ist aus strategischen Gründen natürlich ausgeschlossen, und eine derartige Verwendung ist auch nicht geplant. Der geringste nukleare Gegenschlag gegen das Inselreich würde bei seiner geringen Ausdehnung und seiner in wenigen Zonen konzentrierten Bevölkerung völlige Vernichtung bedeuten. Der britischen Nuklearmacht ist deshalb eine strategische Aufgabe im Zusammenhang mit derjenigen der Vereinigten Staaten zugedacht. Sie könnte vielleicht in Aktion treten, wenn ein Gegner schon in seiner Gegenschlagsfähigkeit gelähmt wäre.

Anders ist die strategische Planung in Frankreich verlaufen. Hier war der Aufbau einer Nuklearmacht politisch betont und vor allem darauf gerichtet, volle strategische Unabhängigkeit und Selbstbestimmung zu erreichen. Dieser Kurs wurde zu Beginn der fünfziger Jahre eingeschlagen, also lange vor der Rückkehr General de Gaulles an die Spitze Frankreichs im Jahre 1958.

Frankreich verfügt über vier verschiedene Arten von Abschußplattformen für Nuklearwaffen: Gefechtsfeldwaffen, Stellungen an Land, Mittelstreckenflugzeuge, Unterseekreuzer. Die Bedenken, die im Falle Großbritanniens gegen den Plan bestehen, Nuklearwaffen zur Abschreckung und Vergeltung auf strategischer Ebene zu gebrauchen, gelten auch im Falle Frankreichs. Frankreich könnte mit wenigen Nuklearexplosionen großen Kalibers verwüstet und vernichtet werden. Daß eine französische Regierung sich zu einem nuklearen Schlagaustausch mit einer Weltmacht entschließen könnte, erscheint deshalb höchst unwahrscheinlich; ihre Drohung mit solchen Waffen wirkt also unglaubhaft.

Obwohl die Richtigkeit dieser strategischen Gleichung in Frankreich bestritten oder mindestens ignoriert wird, ist unter der Oberfläche eine Abwendung von der Strategie der *dissuasion* und Vergeltung festzustellen. Das Gewicht der Nuklearwaffen wird nun zu einem wesentlichen Teil auf das Gefechtsfeld verlegt. So ist die Artillerie mit Nukleargranaten von ein bis zwei Kilotonnen ausgerüstet. Eine Kurzstreckenlenkwaffe Pluton kann einen Nuklearsprengkopf von 15 bis 25 Kilotonnen über Entfernungen von 100 Kilometern tragen. Ein Marschflugkörper mit größerer Reichweite ist in Vorbereitung. Viele Kurzstreckenmissiles amerikanischer Konstruktion mit französischem Sprengkopf befinden sich bei den Fronttruppen. Etwa 120 Erdkampfflugzeuge sind für den Abwurf von Atombomben bis 15 Kilotonnen ausgerüstet. Auch für sie werden zu gegebener Zeit Marschflugkörper zur Verfügung stehen. Landgestützte Mittelstreckenlenkwaffen befinden sich in unterirdischen Stellungen in den Bergen der Provence. Ihre Reichweite beträgt 3000 Kilometer, die Sprengwirkung der Wiedereintrittskörper 150 Kilotonnen. Von der Provence aus könnten Punkte wie

Kairo oder Moskau erreicht werden. Auf sechs Unterseekreuzern – und hier liegt das Schwergewicht – befinden sich je 16 Fernlenkwaffen, Mittelstreckenmissiles rein französischer Konstruktion mit Wiedereintrittskörpern von der ungeheuren Sprengkraft von bis zu einer Megatonne.

In der Hand der französischen Regierung liegt also, wie man sieht, eine Waffe von größter Zerstörungskraft, die auch über eine Weltmacht etwas wie »assured destruction« bringen könnte. Die strategische Schwäche des Konzeptes ist aber nicht zu übersehen – sie liegt in der Verletzbarkeit eines verhältnismäßig kleinen Landes, wie es Frankreich ist.

DIE PROLIFERATION

Am Rande der eigentlichen Atommächte erstreckt sich die undurchsichtige Zone der heimlichen oder der potentiellen Atommächte. Das Bestreben der Weltmächte ist darauf gerichtet, sie vom Besitz der »absoluten Waffe« auszuschließen, also die als Schrecknis an die Wand gemalte Proliferation unmöglich zu machen – ein Bestreben, das heute schon als gescheitert bezeichnet werden muß.

Eine sehr große Zahl von Nationen besitzt die Möglichkeiten zum Eigenbau von Atomwaffen und ihren Trägern. Dabei soll zwischen der wissenschaftlichen und industriellen Grundlage unterschieden werden, die in vielen Ländern vorhanden ist, und dem politisch-strategischen Willen, sich nukleare Waffen auch wirklich zuzulegen. Dieser hängt sowohl von der sicherheitspolitischen Lage des betreffenden Staates wie von seinen inneren Verhältnissen ab.

Zu den Staaten, die die technischen Voraussetzungen

in weitestem Maße besitzen, in kurzer Zeit Nuklearwaffen herzustellen, und die zudem schon über ein Arsenal von Trägern verfügen, gehört an erster Stelle die Bundesrepublik Deutschland. Aber in ihrem Falle sind auch die politisch-strategischen Gründe, auf die Herstellung zu verzichten, am stärksten.

Indien, das seit vielen Jahren über führende wissenschaftliche Kräfte auf dem Gebiet der Atomforschung verfügt und das große und auch erfolgreiche Anstrengungen zur friedlichen Nutzung der Kernspaltung gemacht hat, ließ im Jahre 1974 eine nukleare Vorrichtung experimentell explodieren. Sie bestand aus selbsterzeugtem Plutonium. Eine Absicht, selber Kernwaffen herzustellen, wird in Delhi aber nach wie vor bestritten.

Pakistan ist eines der wenigen Länder, das den kostspieligen Prozeß der Isotopentrennung zur Extraktion von angereichertem Uran für Militärzwecke in Angriff genommen hat. Die Entwicklung dieser besonderen Industrie wurde 1978 eingeleitet und kann schon im laufenden Jahre genügend U-235 für einige Atombomben hervorbringen. Das pakistanische Programm wird als ein Unternehmen, das zugunsten der ganzen islamischen Welt in Angriff genommen wurde, propagiert. In Wirklichkeit ist es aber eher dazu bestimmt, das schwache Land vor einem neuen Eroberungskrieg Indiens zu schützen.

Südafrika besitzt Atomwaffen, auch wenn dort nie Probeexplosionen beobachtet worden sind. Sie können unter Umständen in der Tiefe eines Bergwerks vorgenommen worden sein.

Sicherheitspolitisch besonders wichtig ist der Fall von Israel. Es ist gewiß, daß Israel Nuklearwaffen besitzt, die mit dem aus seinen Reaktoren anfallenden Plutonium geladen sind.

Für beide Länder, Südafrika und Israel, die isoliert dem vereinten Druck der gesamten Entwicklungswelt ausgesetzt sind und deren Existenz einer totalen Bedrohung unterworfen ist, war es eine strategische Notwendigkeit, den Weg der Kernwaffenentwicklung zu betreten. Auch wenn noch keine wirkliche vielseitige Panoplie aufgebaut sein sollte, so haben die Regierungen beider Staaten doch dafür gesorgt, daß das Geheimnis nicht allzu streng gewahrt wurde. Auf dem Wege über Gerüchte und mit Bruchstücken vertraulicher Informationen wurde bei den nahen und fernen Nachbarn die Gewißheit erzeugt, Kernwaffen seien tatsächlich vorhanden. Damit haben Südafrika und Israel, da ihnen ja keine Nuklearmächte als die unmittelbaren Gegner gegenüberstehen, die Atomwaffe als wirksames Abschreckungsmittel in ihre Sicherheitsstrategie eingeführt.

Eine ganz andere Lage ist diejenige Brasiliens, Argentiniens und Nigerias, die alle über die Mittel verfügen, sich Nuklearwaffen zuzulegen. Angesichts der Maßnahmen der Weltmächte zur Eindämmung der nuklearen Proliferation sind ihre Programme aber doch behindert, und auch ihr politischer Entschluß, wirklich Nuklearmacht zu werden, ist vorläufig noch in der Schwebe.

ATOMSTRATEGIE DER NICHTNUKLEAREN

Die wichtige Frage, die Nationen sich stellen müssen, die über keine eigenen Nuklearwaffen verfügen, lautet, ob ihr Zustand einen Atomangriff wahrscheinlicher macht oder ob sie sich im Gegenteil durch den Verzicht auf derartige Waffen von der Gefahr loskaufen. Eine eindeutige Antwort kann hier nicht gefunden werden, und trotzdem muß die Frage gestellt bleiben. Die Antwort hängt von den Absichten eines möglichen Angreifers ab, die im voraus nicht zu erkennen sind und die sich auch je nach dem Wechsel der Lage ändern können. Im allgemeinen aber haben sich die meisten Nichtatomaren zu der Auffassung durchgerungen, ein Verzicht auf Atomwaffen verschlechtere ihre Stellung nicht, sondern verbessere sie.

Diese Ansicht wird mit dem Argument begründet, die eigene Atombewaffnung, die sie sich zulegen könnten, wäre vermutlich derjenigen eines Angreifers unterlegen, so daß er auch durch Atomwaffen nicht wirksam abgeschreckt würde. Ferner geht man heute davon aus, auch große Atommächte einschließlich der Weltmächte möchten als Angreifer den ersten Gebrauch von Atomwaffen vermeiden. Der Angreifer würde also seinen Vorteil darin sehen, das Opfer ohne Gebrauch von Atomwaffen niederzuwerfen. Hätte der Verteidiger Nuklearwaffen, würde der Angreifer vielleicht solche als erster gebrauchen, und damit wäre man in einen Nuklearkrieg gezogen, der sonst vermieden worden wäre. Und schließlich ist noch zu bedenken, daß die meisten der wichtigeren Staaten, die über keine Nuklearwaffen verfügen, Mitglieder von Bündnissystemen sind, die sie an mächtige Atommächte binden. Das ist natürlich der Fall für die Bundesrepublik Deutschland, für Italien, Japan, für die Mitglieder des Warschauer Paktes.

Der Entscheid fällt anders aus, wenn, wie das in der Entwicklungswelt die Regel ist, als Gegner nur Armeen in Frage kommen, die nie über Nuklearwaffen verfügen werden – oder wenigstens nach menschlicher Voraussicht nicht – und unter den heutigen Verhältnissen nicht dazu in der Lage sind. Dann kommt dem Besitz eines schwachen Nukleararsenals kriegverhütende Wirkung zu. Sollte ein Krieg trotzdem ausbrechen, würde die mächtige Waffe überwältigende Überlegenheit versprechen.

Wie dem auch sei, müssen alle Nationen mit der vielleicht entfernten Möglichkeit rechnen, Opfer eines Atomkriegs zu werden. Dabei ist an zwei Möglichkeiten zu denken:

Ein Atomkrieg gefährdet immer ausgedehnte Gebiete, auch solche weit entfernt vom eigentlichen Kriegsschauplatz, durch den radioaktiven Niederschlag der explodierenden Atommunition. Radioaktiver Staub, radioaktive Wolken können in großer Höhe durch den Wind über Hunderte, wenn nicht Tausende von Kilometern getragen werden und sich später in fernen Gebieten niederschlagen. Dieser Gefahr kann begegnet werden durch den Bau von Schutzräumen, in denen sich Bevölkerung und Armee so lange aufhalten, bis die Radioaktivität auf ein ungefährliches Maß abgesunken ist. Die Sicherheitsstrategie mancher Nation sieht deshalb mit größerer oder geringerer Dringlichkeit die Verwirklichung eines Schutzraumprogramms vor. In dieses Programm müssen umfassende Vorkehrungen zur ärztlichen Behandlung von Menschen eingeschlossen werden, die mit dem radioaktiven Niederschlag in Berührung gekommen sind.

Der zweite Fall ist der des Krieges, in den man selbst verwickelt wird und in dem gegen einen atomwaffenlosen Staat Nuklearwaffen eingesetzt werden. Auch für diesen Fall muß eine glaubwürdige Strategie entworfen werden. Sie kann nur darin bestehen, die Schutzräume oder wenigstens einen Teil von ihnen so stark zu machen, daß sie auch hohem Explosionsdruck und schweren Bränden standhalten. Besondere Schutzräume sind für die Armee in den Abschnitten, in denen sie Widerstand leisten will oder in denen sie sich bereitstellen muß, vorzusehen. Festungswerke sind entsprechend zu verstärken. Möglichst viele Truppen und Waffen sind durch Panzerung zu schützen. Der Soldat muß mit allen Möglichkeiten des Schutzes gegen Hitzestrahlung und Radioaktivität vertraut und entsprechend ausgerüstet werden. Ein spezialisierter Sanitätsdienst soll für die Versorgung der Opfer von Radioaktivität und Verbrennung bereitstehen.

All das stellt ein schwer zu verwirklichendes und kostspieliges Programm dar. Ernstlich sind solche Programme nur in Schweden, der Schweiz, der Sowjetunion und China in Angriff genommen worden. In der Schweiz besteht heute eine Schutzgelegenheit – allerdings nicht überall in voll genügender Stärke – für 90 Prozent der Bevölkerung und für große Teile der Armee. Für diesen Schutz zu sorgen, auch wenn er nie vollkommen sein kann, ist besser, als die Hände in den Schoß zu legen im Gedanken, die Gefahr sei doch übergroß. Auch wenn nur ein Teil eines Volkes und nur ein Teil seiner Armee im Falle der unausdenklichen Katastrophe eines Nuklearkriegs gerettet wird und überleben sollte, ist jede Anstrengung in dieser Richtung gerechtfertigt.

IV
SICHERHEITSPROBLEME OHNE ATOMWAFFEN

DAS GLEICHGEWICHT

Die konventionellen Waffen sind heute keineswegs mehr konventionell im Sinne einer bloßen Weiterentwicklung hergebrachter Systeme.

Konventionell sind sie nur noch im Sinne von nichtnuklear. Im übrigen unterscheiden sich moderne Waffensysteme vom Arsenal der ersten Jahrzehnte nach dem Zweiten Weltkrieg etwa so, wie sich das Kriegsmaterial des Ersten Weltkriegs von demjenigen der Zeit Napoleons unterschied.

Nach dem Maß der eingetretenen Veränderung nennen wir hier die Kriegsmittel in folgender Reihenfolge: Beobachtung und Übermittlung, also C3, Munition, Transportmittel, Sanitätsdienst, Feuerwaffen, psychologische Mittel. Das Gesamtergebnis der Veränderungen läßt sich wie folgt zusammenfassen: Man kann den Gegner und alle seine Einrichtungen bei Tag und bei Nacht sehen und seinen Standort genau bestimmen; Beobachtungsergebnisse und Befehle an die Feuerbasen können fast augenblicklich auf vielen Parallelwegen übermittelt werden; Geschosse werden ihre Ziele selber suchen und finden. Was früher Hunderte von Schüssen erforderte, soll in Zukunft – so meint man – mit einer einzigen Salve erzielt werden. Man trifft alles.

Es soll hier nicht dargestellt werden, wie sich aufgrund dieser Ausrüstung moderner Armeen Operationen etwa abspielen würden. Das ist nachzulesen in der Spezialliteratur, die zwischen dem taktischen Lehrbuch und der romanhaften Phantasiedarstellung der Science-fiction angesiedelt ist. Als Beispiel sei das Buch »Der Dritte Weltkrieg, Hauptschauplatz Deutschland« von Sir John Hackett (München, 1978) erwähnt. Wir befassen uns vielmehr mit den strategischen Grundlagen und vor allem mit der Frage, wie das Gleichgewicht gewahrt werden kann.

Vom Gleichgewicht nicht nur auf der Ebene der thermonuklearen Abschreckung, sondern auch auf konventioneller Ebene hängt alles ab für die Beantwortung der Schicksalsfrage, ob ein großer Krieg vermieden wird und der Frieden erhalten bleiben kann. Es soll hier aus den bereits erwähnten Gründen nur von der nördlichen Halbkugel die Rede sein und im besonderen von der Trennungslinie quer durch Westeuropa, welche die Uneinigkeit und Kurzsichtigkeit der Sieger 1945 entstehen ließ.

Das Gleichgewicht im konventionellen Sinne ist von zahlreicheren Umständen abhängig als von der Zahl der Divisionen des Warschauer Paktes und der NATO, die sich in Westeuropa gegenüberstehen, oder von der Zahl der Flugzeuge und Panzerkampfwagen, über die sie verfügen. Aber auch das Zahlenverhältnis ist wichtig (Stalin: »Wie viele Divisionen hat der Papst?«). Zahlen müssen genannt und verglichen werden. Die beste allgemein zugängliche Grundlage dafür sind die alljährlich erscheinenden Publikationen des International Institute for Strategic Studies in London »The Military Balance« und »Strategic Survey«.

Für die ganze europäische Front, den riesigen Halbkreis von der östlichen Türkei über Griechenland, Italien,

Deutschland, Dänemark bis nach Norwegen, ist das Zahlenverhältnis folgendes:

Divisionen	NATO 71	Warschauer Pakt 57
Schnell greifbare Reserven (Divisionen)	NATO 27	Warschauer Pakt 35
Taktische Flugzeuge	NATO 3 200	Warschauer Pakt 5 500
Panzer	NATO 10 000	Warschauer Pakt 25 000

Wenn Reserven erwähnt werden, wird einer der wichtigsten Bestandteile des Gleichgewichts genannt. Ob Reserven wirklich rechtzeitig greifbar sind, hängt davon ab, wie die politischen Ereignisse, die zu einem offenen Konflikt führen, ablaufen. Ob die Reserven zur Stelle sind, wenn ein Krieg ausbricht oder wenn sie in dessen Verlauf benötigt werden, hängt davon ab, ob sich die Lage langsam und schrittweise einer Krise nähert oder ob diese sich überraschend eingestellt hat. Wenn die Gefahr langsam wächst, sind die Regierungen vor die Entscheidung gestellt, ob sie ihre Reserven mobilisieren und entfalten wollen oder nicht. Ein immer schwieriger Entscheid. Wir wissen aus der Geschichte, wie oft der falsche Entschluß gefaßt wurde. Immer stellt sich nämlich die Frage, ob durch eine Mobilmachung die Krise verschärft oder überhaupt erst erzeugt wird, wie zum Beispiel 1914, oder ob eine Mobilmachung im Gegenteil ernüchternd wirkt und die Gefahr abwenden kann – wie es wahrscheinlich 1938 möglich gewesen wäre.

Truppenstärken müssen immer im geopolitischen Rahmen gesehen werden. So wiegt in dem von uns betrachteten Fall eine sowjetische Division schwerer als eine NATO-Division, weil sie auf der inneren Linie verschoben werden kann. Eine sowjetische Division zum Beispiel hat von der Küste des Schwarzen Meeres nach Berlin 1500 Kilometer zurückzulegen, eine amerikanische, sagen wir von Frankfurt nach der Türkei, auf kompliziertem Land- und Seeweg 3000 Kilometer, vorausgesetzt, sie dürfe französischen Boden betreten. Divisionen vom Südabschnitt der NATO, im oben gemachten Zahlenvergleich mitgezählt, kommen für den Einsatz an der europäischen Zentralfront kaum in Frage, während sowjetische Divisionen der Südfront leicht nach Norden verlegt werden können. Ähnliches gilt für die Reserven. So müßte beim Nordatlantikpakt die Hälfte der schnell greifbaren Reserven aus Amerika herbeigeführt werden. Nur für einen kleinen Teil von ihnen wäre der Lufttransport möglich und vorbereitet. Das Gros müßte den Nordatlantik auf dem Seeweg überqueren.

Versorgung und Nachschub, also die Logistik, ist ein wichtiger Bestandteil des Gleichgewichts. Während im Falle der Sowjetstreitkräfte der Nach- und Rückschub ein gradliniges Transportproblem ist, weil alle Armeen des Warschauer Paktes mit gleichartigem Material ausgerüstet sind, bedeutet Nach- und Rückschub im Falle der Streitkräfte des Nordatlantikpaktes eine Reise durch einen Irrgarten. Jede Nation hat ihre eigene Bewaffnung mit dazugehöriger eigener Munition, eigene Fahrzeugtypen, meist auch eigene Flugzeuge. Von einer Standardisierung kann höchstens bei der Artillerie gesprochen werden. Auf allen anderen Gebieten ist sie immer noch ein frommer Wunsch. Da der historische Zufall, nämlich die Lage am Ende des Zweiten Weltkriegs, der amerikanischen Armee den Südteil der Zentralfront zugeteilt hatte, muß heute ihr Nachschub parallel zur Frontzone und in ihrer unmittelbaren Nähe durch das Gebiet der anderen Verbündeten befördert werden. Frankreich muß dabei, wie wenn es feindliches oder doch neutrales Land wäre, gemieden werden.

Weiter gehören zum Gleichgewichtsverhältnis die menschlichen Qualitäten der Führung und der Soldaten, ihre Motivierung, ihre Ausbildung, der Führungsstil.

Hier wird es schwieriger, zu vergleichen. Man ist leicht geneigt, die eigenen Qualitäten, die man kennt, dem Fremden gegenüber als überlegen zu betrachten. Umgekehrt kann aber auch das Unbekannte faszinierend wirken und das Fremde als überlegen erscheinen lassen.

Der Vergleich von Waffen und Geräten, deren Leistungen bekannt und meßbar sind, ist leichter. Hier dürfte das Nordatlantikbündnis, wie aus der allgemeinen Überlegenheit westlicher Technik über die rückständige sowjetische Technik – die aber auf einigen ausgewählten Gebieten an der Spitze marschiert – zu schließen ist, noch über einen Vorsprung verfügen. Der Qualitätsvorsprung des neuen, ungebrauchten Materials sagt aber noch nicht viel darüber aus, wie es die ersten Kampftage überstehen wird. Er läßt auch die Frage offen, wieweit Vorzüge in den Leistungen durch die größere Zahl auf der Gegenseite aufgewogen werden.

Auf die verschiedenen Elemente, aus denen sich das Gleichgewicht zusammensetzt, zurückblickend, können wir nur folgern, der Warschauer Pakt sei der NATO in der heutigen strategischen und operativen Ausgangsposition deutlich überlegen.

Im Falle eine Angriffs von Osten her würde die NATO den Angriff mit ihren konventionellen Mitteln möglichst nahe an den Grenzen, die es zu verteidigen gilt, aufzuhalten suchen. Wenn das nicht gelingt und der Feind die Abwehrfront an einzelnen Punkten durchbricht oder sie auf breiten Abschnitten zurückdrängt, würde die NATO ihre Nuklearwaffen einsetzen – als erste. Wenn wir, wie es hier geschehen ist, damit rechnen, die NATO sei gegenwärtig in ihrer konventionellen Abwehr an der europäischen Zentralfront dem Warschauer Pakt unterlegen, ist mit der Gewißheit zu rechnen, daß die für das engere Gefechtsfeld geschaffenen Nuklearwaffen sehr bald gebraucht werden. Dann ist die Gefahr der Eskalation gegeben. Die Atomschwelle wird dann überschritten, die Türe zum Austausch von Atomgeschossen steht offen.

KURZE ODER LANGE KRIEGE

Wie wir festgestellt haben, kann das Gleichgewicht oder Ungleichgewicht zwischen den konventionellen, also nichtnuklearen Rüstungen darüber entscheiden, ob es zu einer bewaffneten Auseinandersetzung kommt oder nicht. Darüber hinaus kann es darüber entscheiden, ob die Schwelle zum Nuklearkrieg überschritten werden muß oder nicht. Es läßt sich sogar behaupten, daß hier das Gleichgewicht noch wichtiger ist beim Entscheiden über die Schicksalsfrage Frieden oder Krieg als im hohen Bereich des thermonuklearen Fernkriegs.

In der Strategie der Vorbereitung des konventionellen Krieges bewegen wir uns noch auf verhältnismäßig bekanntem Gelände. Die Strategie des thermonuklearen strategischen Fernkriegs ist zwar durch eine unvorstellbare Menge von Studien und Publikationen durchleuchtet, aber es fehlt jede Erfahrungsgrundlage. Bei den nichtnuklearen Streitkräften glaubt man – vielleicht zu Unrecht – über sichere Möglichkeiten der Beurteilung zu verfügen. Man kann, wenn die Beurteilung uns einflüstert, im Vorteil zu sein, einen Entschluß fassen. Anders bei der Nuklearwaffe. Wer kann wissen, ob und wie ihr einmal begonnener Gebrauch die Stufen der Eskalationsleiter zurücklegt oder überspringt, und wer kann sagen, welches die Wirkungen dann wirklich wären?

Versagt einmal die Friedenswahrung durch die Diplomatie, entfaltet die letzte Sicherung durch die Abschrekkung die erhoffte Wirkung nicht, kommt es zum großen Krieg. Dann ist zu erwarten, daß nicht nur nichtnukleare Nationen, sondern auch die Weltmächte und Großstaaten bei den ersten Zusammenstößen mit rein konventionellen Mitteln kämpfen werden. Auf außereuropäischen Kriegsschauplätzen sind Nuklearwaffen, sofern nicht die Weltmächte involviert sind, noch nicht oder nur in kleiner Zahl vorhanden. An den europäischen Fronten würden sie anfänglich vorsichtig zurückgehalten. Wir dürfen also annehmen, daß der Zusammenprall mit dem nichtatomaren Krieg beginnt. In den ersten Kämpfen wird sich dann zeigen, wie gleich oder wie ungleich die Kräfte sind – wie es mit dem Gleichgewicht denn überhaupt stand. Wenn es nicht zu einer schnellen Entscheidung kommt – was ja, wie die Geschichte zeigt, nicht zu erwarten ist –, dann wird der Blick frei auf ein weiteres Element des Gleichgewichts, den strategischen Unterbau.

Wir wissen, daß fast alle Kriege im Glauben an einen schnellen Sieg begonnen worden sind. Doch die Geschichte ist seit dem Kampf um Troja und dem Peloponnesischen Krieg Zeuge der leidvollen Tatsache, daß dieser Glaube oft getäuscht hat. Er gründet sich auf bewaffnungstechnischen Vorsprung, auf günstige Bündnisse, auf eine vom Feinde gezeigte Blöße, auf das Vertrauen auf eigene besondere innere Stärke. Und dann geschieht Unerwartetes. Es beginnt das lang hingezogene kostspielige und blutige Geschehen, das so kalt mit dem Wort Abnützung bezeichnet wird. Das Beispiel des Irakisch-Iranischen Krieges steht vor unseren Augen. Die Lehre der Geschichte ist wieder einmal mißachtet worden, und die Geschichte rächt sich, indem sie sich wiederholt.

Auch heute und gerade heute stehen wir im Schatten der Gefahr eines solchen Irrtums. Es ist angesichts der schnellen technischen Veränderungen wieder möglich, in der Rüstung einen Vorsprung zu erzielen. Ob es ein wirklicher Vorsprung ist oder ob der Gegner nicht schon eine Abwehr bereithält, ob er an anderer Stelle nicht insgeheim einen Schritt getan hat, der ihm dort den Vorsprung sichert, bleibt immer fraglich.

Die Möglichkeit, an eine Überlegenheit zu glauben, wenn sie auch nur vorübergehender Art sein mag, ist vorhanden. Das »intelligente« Geschoß, das sein Ziel selber findet, ist vorhanden. Eine Panzerung von Kampfwagen ist erfunden, die für die heutigen Geschosse undurchdringlich sein soll. Aber es gibt Prototypen von Granaten, die auch solche mehrfachen und mit Keramik verstärkten Panzerungen durchschlagen. Die Überlegenheit von C3, den Systemen, die alles sehen und alles melden, die alle Kräfte aus der Ferne zu lenken erlauben, die alles zu treffen versprechen, kann zum Glauben an einen Anfangserfolg und an den sich anschließenden raschen Sieg verleiten.

Da die neuen Angriffs- und Abwehrwaffen zwar in ihren Wirkungen vollkommen, aber zugleich sehr kompliziert und wohl auch verletzlich sind, können wir nicht erwarten, eine Armeeführung werde sich ausschließlich auf sie verlassen. Alle modernen Waffensysteme sind anspruchsvoll. Sie verbrauchen viel Munition und viel Treibstoff. Sie werden sich auch schnell abnützen. Das führt zu dem Glauben, ein moderner Krieg könne nicht lange dauern. Beide Gegner würden sich gezwungen sehen, nach kurzer Zeit den Kampf abzubrechen. Die Kriegführenden können gewiß nicht mehr wie einst aus unerschöpflichen, sich selbst erneuernden Reserven schöpfen – Reserven an Menschen, an Pferden, schnell zu gießenden Kanonen und Kugeln, schnell zu zimmernden Schiffen. Das moderne Gerät ist das Ergebnis von jahrelangen Produktionsprozessen. So wird vermutet, der Krieg müsse kurz sein. Der Krieg zwischen Indien und Pakistan von 1965 und der Mittelostkrieg von 1973 geben dieser Auffassung Nahrung. Doch das waren Kriege von Entwicklungsländern. Im Falle von Weltmächten wäre der Verlauf anders.

Sollte das moderne und modernste Kriegsgerät, das in den ersten Stunden das Feld beherrscht, verbraucht sein, ohne die Entscheidung für die eine oder andere Seite gebracht zu haben, sind immer noch die Reserven an traditionellen Streitkräften vorhanden, die nach und nach in den Kampf geworfen werden. Eine mächtige Industriebasis auf beiden Seiten wird hier vermeintlich überlegene Waffen erzeugen. Der Abnützungskrieg, wie ihn unser Jahrhundert zweimal gesehen hat, würde wieder zur schauerlichen Tatsache.

Ein solcher Verlauf ist möglich, aber unwahrscheinlich. Im Hintergrund und nicht einmal weit im Hintergrund lauern die Nuklearwaffen. Ehe es zum Abnützungskrieg kommt, den jeder fürchtet, werden sie – wohl zuerst von der am härtesten bedrängten Seite – auch gebraucht. Es ist einfach nicht möglich, daß sie, solange sie vorhanden sind, nicht auch eingesetzt würden. Auf welche Weise sie dann auftreten werden, nach welchem operativen und strategischen Plan, ist im Zusammenhang mit der Nuklearstrategie dargelegt worden.

BEGRENZTER KRIEG

Der begrenzte Krieg im modernen Sinn ist ein Nebenzweig der Nuklearstrategie. Er teilt in mancher Beziehung deren Absurdität. Während in früheren Zeiten Konflikte zwischen einzelnen Menschen, zwischen Familien, Stämmen, Städten, Nationen in der Regel durch die bloße Macht der Tatsachen oder von Sitten und Bräuchen begrenzt waren, brachte das beginnende 19. Jahrhundert, das Zeitalter Napoleons, den Krieg der Massenarmeen und mit ihm den totalen Krieg. Diese Form des Kampfes beherrschte das 19. Jahrhundert und die erste Hälfte des 20. Jahrhunderts. Wir erinnern an den Amerikanischen Bürgerkrieg, den Krieg, von 1870/71, die Weltkriege.

Unter dem Eindruck der schrecklichen Waffen der Massenzerstörung des Atomzeitalters erwachte wieder die Einsicht in die Notwendigkeit, bewaffnete Konflikte zu begrenzen. In Amerika wurden Theorien entwickelt, die den begrenzten Krieg, *Limited War,* empfahlen und beschrieben. Schon 1962 verzeichnete eine in der Harvarduniversität ausgearbeitete spezielle Bibliographie zum begrenzten Krieg nicht weniger als 328 Publikationen. Bald ergab sich Gelegenheit, die neuen Theorien anzuwenden. Der Krieg in Korea von 1950 bis 1953 und der Krieg in Vietnam von 1963 bis 1973 waren begrenzte Kriege im modernen Sinn.

Beim begrenzten Krieg soll ein Mantel von politisch-militärischen Maßnahmen den Krisenherd so umhüllen, daß die Flammen nicht ausbrechen und innerhalb des vorgeschriebenen Herdes nicht bis zum Himmel lodern. Am Grunde dieses Wunsches liegt das Bestreben, einen Nuklearkrieg zwischen den Weltmächten zu vermeiden. Teile des den Krisenherd umschließenden Mantels sind die folgenden Maßnahmen:

Ein bestimmtes, begrenztes politisches Ziel des Krieges wird gemäß der klassischen Lehre von Karl von Clausewitz bezeichnet. Es geht also nicht darum, den Gegner völlig niederzuwerfen und zur bedingungslosen Kapitulation zu zwingen. Wenn das politische Ziel erreicht ist, soll der Krieg auch beendet sein.

Das Operationsgebiet wird begrenzt. Die Kriegsparteien finden außerhalb dieses Gebietes völlige Sicherheit, ein Sanktuarium.

Auf gewisse Waffen und Kampfformen wird verzichtet. Heute haben wir uns unter diesem Verzicht besonders vorzustellen, daß keine Nuklearwaffen gebraucht, keine Angriffe mit Waffen der Massenvernichtung gegen bewohnte Gebiete geführt werden. Als Stellvertreter können dann gewisse exotische Waffen wie angeblich harmlose chemische Substanzen gebraucht werden.

Der Umfang der eingesetzten Streitkräfte soll gering und dem Anlaß angemessen sein.

Die Befehlsgewalt des oder der Frontkommandanten wird eingeschränkt. Was auszuführen oder zu unterlassen ist, wird von zentraler höchster Regierungsstelle befohlen.

Militärische Maßnahmen wie zum Beispiel die Bombardierung bestimmter Stellen, die Verminung eines Hafens, eine Flottendemonstration werden von der zivilen Behörde als Druckmittel bei von ihr geführten diplomatischen Verhandlungen angeordnet.

Die Erfahrung hat in den wenigen Jahren, in denen diese kunstvoll erdachte Kriegsform praktiziert worden ist, schon gezeigt, wie erfolglos und verderblich sie ist. Noch heute als zeitgemäß, ja als neu und revolutionär angepriesen, ist sie überholt und gehört »zum Spinnrad und zur bronzenen Axt«.

Warum?

Die Begrenzung des Kriegszwecks auf ein bestimmtes politisches Ziel würde – wenn es schon zum Krieg kommen muß – an sich einen Fortschritt bedeuten. Es kann einem Krieg einen Teil seiner Grausamkeit, seiner Uferlosigkeit nehmen. Der Fehler, der Grund des Versagens des begrenzten Krieges liegt also nicht in der Eindämmung auf bestimmte politische Ziele, sondern in den dafür gewählten Methoden. Das Kriegsziel zu begrenzen oder die Mittel, die angewendet werden, um es zu erreichen, zu begrenzen sind zwei verschiedene Dinge. Werden sie verwechselt und vermischt, so führt es zur Niederlage.

Von den exotischen Waffen als besonderes Mittel solcher Kriegführung ist wenig zu sagen. Ob es besser ist, die Vegetation mit Chemikalien zu zerstören, Häuser und Ernten mit Napalm zu verbrennen, angeblich harmlose Gase gegen Truppen zu gebrauchen, als mit konventionellen Mitteln einen Krieg zu führen, ist eine offene Frage. Vietnam hat gezeigt, wie sehr solche Methoden exotischer Kriegführung – ob das nun logisch ist oder nicht – als Beleidigung der Menschlichkeit empfunden werden. Von Gewehren und Kanonen als den traditionellen Waffen würde man nicht reden, aber mit dem wirklichen oder behaupteten Ausstreuen von Giftstoffen kann man die öffentliche Meinung der Welt mobilisieren. Auf jeden Fall hat sich der Gebrauch der unkonventionellen exotischen Kriegswaffen als politisch katastrophal erwiesen.

Zur Beschränkung der Befehlsgewalt: Seit Ludwig XIV. seine Marschälle von Versailles aus Schritt für Schritt lenkte, ist diese Methode als der sichere Weg zur Niederlage bekannt. Wenn die Bürokratie einen Krieg von zentraler Stelle lenkt, kann das heute nur noch als zynisch und amoralisch empfunden werden. Die in jedem Krieg eingeschlossene Unrechtssituation wird im Bereich der Kampffronten überdeckt durch die Not und Gefahr, der beide Seiten ausgesetzt sind. Einen Krieg aber aus einer Entfernung von vielleicht Tausenden von Kilometern zu führen, vom Bürotisch aus, wo völlig andere Gesetze herrschen als inmitten der Wechselfälle des Kampfes, wird spontan als zynisch begangenes Unrecht empfunden.

Noch schlimmer ist es, mit Hilfe gelegentlich entfesselter Waffengewalt zu verhandeln. Wenn schon Krieg ist, wird es verstanden, daß Gewalt gebraucht wird, um den Sieg zu erringen. Aber an höchster Stelle zu bestimmen, Brücke A oder Hafen B oder Dorf C sollen bombardiert werden, weil Verhandlungen gerade stocken oder ein Unterhändler nicht am Konferenzort eingetroffen ist, ist eine Methode des *Limited War,* welche die Kriegführung bedenklich dem Terrorismus annähert. Sie ist tatsächlich eine Form des Terrorismus, weil die Gewalttat auf die Psyche des Gegners zielt und gar nicht in unmittelbarer Beziehung zu dem Ziel steht, das erreicht werden soll.

Wir wissen, wie sehr in unserer modernen Welt oder wenigstens in ihrem zivilisatorisch hochentwickelten Teil der Mensch – auch wenn er den Soldatenrock trägt – nicht leicht zum Krieg zu motivieren ist. Wir wissen zuviel vom Krieg, als daß er noch wie einst vielleicht für manche abenteuerlustigen Männer auch nur einen einzigen attraktiven Aspekt hätte. Der Mensch wird vielleicht zum Krieger, wenn er weiß es gebe keine andere Möglichkeit zur Rettung höchster Güter, oder sein und seines Landes Schicksal stehe wirklich auf dem Spiele und sei von seinem Tun, seiner Hingabe abhängig. Wenn aber ein Krieg als »begrenzter Krieg« bezeichnet und geführt wird, stellt sich der heutige Mensch mit Recht die Frage:

Wenn der Krieg begrenzt werden kann – warum dann überhaupt ein Krieg?

DIE SICHERHEIT DER ENTWICKLUNGSLÄNDER

Hier ist vorauszuschicken, warum von »Entwicklungsländern« und nicht von der sogenannten »dritten Welt« die Rede sein soll. Die beiden Begriffe decken sich nicht. Der Ausdruck »dritte Welt« hat seinen Ursprung in der Vorliebe selbst des praktischen Politikers für journalistische Farbigkeit. Anders, als viele meinen, kommt das Wort nicht von einer Betrachtungsweise her, in der die Demokratien als erste Welt einer zweiten Welt, derjenigen unter kommunistischen Diktaturen, entgegengestellt würden, worauf dem Rest nichts anderes übrigbleibt, als die dritte Welt zu bilden. Das paßt so schön in das Propagandaschema der Advokaten einer Weltbewegung der Unverpflichteten, die sich von Amerika und von Rußland gleich weit distanzieren wollen. Die bildhafte Ausdrucksweise von den drei Welten kommt vielmehr von der seit Jahrhunderten üblichen Unterscheidung zwischen der Alten Welt, nämlich Westeuropa, Mittelmeergebiet und Nahem Osten, und der Neuen Welt, Amerika. Als dritte Welt wurden Afrika, Asien und Australien bezeichnet.

Die Einteilung ist indessen unbefriedigend. Historisch betrachtet gehören zu allen drei Welten zwei grundverschiedene Kategorien von Nationen, nämlich solche, die seit langen Zeiten ein unabhängiges souveränes Dasein genossen haben, und andere, die erst seit dem Ersten Weltkrieg und dann besonders seit dem Zweiten Weltkrieg aus kolonialer Abhängigkeit entlassen worden sind.

Aus diesem Grunde wird hier neben dem bequemen Sammelbegriff dritte Welt häufiger der Ausdruck »Entwicklungsland« gebraucht, der sich auf den statistisch feststellbaren Stand der technischen Entwicklung stützt. Dabei liegt viel Willkürliches darin, wenn wir als einziges Merkmal die technische Entwicklung, wie sie von Europa, Nordamerika und Japan vorgelebt wird, nehmen und nicht einen Maßstab, der auch die kulturellen Werte berücksichtigt. Dann wäre das Ergebnis der Klassifizierung anders. Aber da selbst die Betroffenen und gerade sie mit besonderem Eifer sich zum technischen Fortschritt im europäisch-amerikanisch-japanischen Sinne als Maßstab und Ziel bekennen, besteht kein Grund, auf den bequemen Begriff »Entwicklungsland« zu verzichten.

Allen Entwicklungsländern ist gemein, in ihren sozialen und politischen Strukturen unstabil zu sein. Die Feststellung soll keineswegs andeuten, daß etwa die technisch hochentwickelten Länder der Alten und der Neuen Welt unbedingt und auf alle Zeit als stabil zu betrachten seien. Auch hier herrschen verschiedene Grade der Stabilität. Denken wir nur an den südlichen Teil der Neuen Welt, der fast nur Entwicklungsländer umfaßt. Daß die vermeintliche Stabilität durch eine Katastrophe, wie sie zum Beispiel ein großer Nuklearkrieg darstellen würde, vernichtet werden kann, ist ebenso gewiß wie die Aussicht ihrer Rückkehr auf die Stufe der Entwicklungsländer.

Gemeinsam gilt für die Entwicklungsländer eine Wahrheit: Politische Stabilität im Sinne der Maßstäbe unserer Zeit wird nur schrittweise erobert. Da sich unter den Entwicklungsländern viele aus kolonialer Herrschaft entlassene Völker befinden, kommt es darauf an, in welchem Maße und mit welchen Mitteln die einstige Kolonialmacht Stabilität vorbereitet hat. So waren zum Beispiel Indien, Nigeria, Kenia, die Philippinen, Indonesien, Brasilien verhältnismäßig gut auf ihre völlige Selbstbestimmung vorbereitet. Andere wie Mexiko, Kuba, Malaysia haben ihre Phase der Wirren verhältnismäßig früh hinter sich gebracht; andere sind noch tief in diese Phase verstrickt.

Die größere oder geringere innere Problematik prägt das Sicherheitsproblem der dritten Welt mit. Die innere Unstetigkeit hängt zum Teil damit zusammen, daß die politischen Grenzen vieler dieser Länder von einstigen Kolonialmächten ohne Rücksicht auf die geographischen und ethnischen Tatsachen gezogen worden waren. Das führt dann über die inneren zu den außenpolitischen Spannungen. Beides zusammen, innere und äußere Spannungen, bestimmt das Gesicht der Sicherheitsprobleme der nach moderner technischer Entwicklung strebenden Nationen.

Die weiten Entfernungen, welche die Zentren voneinander trennen, wirken dem Ausbrechen von Konflikten im allgemeinen entgegen. Sie können aber Übergriffe auch begünstigen, wenn leere Räume bestehen, die zum Eindringen einladen. Denken wir nur an den Krieg zwischen Somalia und Äthiopien, an die Kämpfe um die westliche Sahara. Die gegenseitige Fremdheit kann auch Hemmungen, die sonst einer Aggression entgegenstehen, wegschwemmen.

Die besondere geopolitische Struktur der Entwicklungswelt, die sich so stark auf ihre Sicherheitsbedürfnisse auswirkt, ist in den Abschnitten über die wirtschaftlichen Verhältnisse bereits erwähnt worden. Aus diesen Verhältnissen, in denen innere und äußere Politik eng verflochten sind, ergibt sich auch die besondere Stellung der Streitkräfte in diesen Nationen. Sie sind in der Regel eher Werkzeuge der Innenpolitik denn Garanten äußerer Sicherheit.

Wir täten gut daran, uns zu erinnern, daß unter den

heute etwa 150 souveränen Staaten der Welt nur 25 Demokratien, also Staaten mit in der Verfassung verankerter Volkssouveränität sind. 20 Staaten haben die vom Marxismus-Leninismus geprägte Staatsform der Diktatur des Proletariats, was wir uns auch immer darunter vorstellen. Etwa 100 Nationen leben unter den verschiedensten anderen Systemen der Diktatur, Monarchie oder Tyrannis, meist unter einem autokratischen Einzelherrscher. Allen nichtdemokratischen Staaten ist eigentümlich, keine organisierte Ablösung an der Staatsspitze zu kennen und keine Möglichkeit zur Erneuerung ihrer Strukturen auf verfassungsmäßigem Wege.

Wer die Spitze einnimmt, ist deshalb eine Machtfrage, und die Macht wird durch die Streitkräfte verkörpert. Die Folge ist häufig die, daß die Offiziere selber die höchsten Staatsämter übernehmen, die dann wieder durch Staatsstreich oder Palastrevolution in andere Hände übergehen. Eine andere Form der Teilnahme der Armee an den politischen Entscheidungen kann in der Methode liegen, in der eine bestimmte politische Partei von den Streitkräften unterstützt wird. Die Notwendigkeit, das Wohlwollen der Armee zu gewinnen, führt oft zu freigiebigster Erfüllung ihrer Wünsche durch die Regierungen. Diese Wünsche sind – neben dem Wunsche nach besserer Bezahlung – solche nach mehr und immer modernerem Kriegsmaterial. Das führt dann zu einer Aufrüstung – die Schuld daran wird meist den Industrienationen zugeschrieben –, die nahen und fernen Nachbarn den Eindruck vermittelt, von einem hochgerüsteten Lande bedroht zu sein.

In den Entwicklungsländern kommt den Streitkräften unter Umständen auch eine konstruktive Rolle zu. Sie sind oft die einzige wirklich funktionsfähige Organisation mit fester Struktur. Ihre Angehörigen stellen dank ihrer besonderen Ausbildung eine technisch geschulte

Elite dar, die zur wirtschaftlich-technischen Entwicklung einen wertvollen Beitrag leistet. Das Instrument der Sicherheitspolitik als sowohl nach innen wie nach außen wirkende Kraft, das über die innere wie über die äußere Stabilität entscheidet, wird in diesen Teilen der Welt fast zur Regel. In Anbetracht der unsicheren Grenzen, der Konfliktmöglichkeiten zwischen den Nationen, die sich nach Entwicklungsstand, nach ihrem Reichtum oder ihrer Armut so scharf unterscheiden und ebenso nach ihrer ethnischen und religiösen Zugehörigkeit und die auch im Innern nach ähnlichen Kriterien gespalten sind, ist Sicherheit schwer zu erhalten. Militärische Macht erweist sich in den meisten Fällen als das einzige glaubwürdige Instrument.

Die Folge ist eine unstabile dritte Welt, die das auch auf lange Zeit bleiben dürfte. Selbst wenn die Weltmächte ihre besondere Gratwanderung erfolgreich zurücklegen und unter sich das Gleichgewicht und damit den Frieden erhalten, wird die Entwicklungswelt noch lange am Rande des Krieges oder im Kriege leben. Das zu ändern geht über die Kräfte selbst von Supermächten. Meist hat das, was sie tun, um die schwankenden Entwicklungsländer zu stabilisieren, nämlich ihnen Waffen und Militärberater zu schicken, die der guten Absicht gerade entgegengesetzte Wirkung. Das Militär erhält die Instrumente des Umsturzes in die Hand gedrückt. Die Aufgabe ist vielmehr, zu verhindern, daß örtliche Konflikte auf weitere Gebiete übergreifen. Dazu gehört vor allem, sich nicht in fremde Konflikte einzumischen.

INTERVENTION

Unstabile staatliche Gebilde waren während Jahrhunderten das Ziel ausländischer Interventionen. Die Frage stellt sich, ob die mit diesem Ausdruck bezeichneten Unternehmungen heute noch eine besondere Bedrohung der Sicherheit von Entwicklungsländern darstellen. Unter »Intervention« ist dabei nicht jeder militärische Angriff zu verstehen, sondern ein strategisches Handeln besonderer Art. In meinem Buch »Abkehr von der Gewalt« wird Intervention definiert als ein Komplex von Handlungen, »bei denen eine mächtigere Nation oder eine internationale Organisation ... aus dem Rahmen der bestehenden Beziehungen ausbricht und versucht, ihren Willen einer schwächeren Nation aufzuzwingen, indem sie diese zu Änderungen ihrer politischen Strukturen veranlaßt ... und das im Namen einer gewissen Auffassung über eine wünschbare politische, moralische oder rechtliche Ordnung und in zeitlich begrenztem Rahmen«.

Hier soll nicht von den zahllosen Interventionen im Zeitalter des Imperialismus die Rede sein, an denen sich alle Groß- und Mittelmächte lebhaft beteiligten. Auch in der Zeit des friedlosen Friedens und der Periode der Entspannung und Post-Entspannung waren Interventionen im erwähnten Sinne häufig. Stichworte sollen an einige Fälle erinnern: Korea (1950), Ungarn und Ägypten (1956), Libanon (1958), Kongo (1960), Jemen (1962), Vietnam (1963 bis 1973), Zypern (1964), Dominikanische Republik (1965), Tschechoslowakei (1968), Angola (1976), Afghanistan (1979).

Die wechselvollen Schicksale und die zum Teil fraglichen oder ganz ausgebliebenen Erfolge solcher Interventionen und die Widerstände, auf die sie stoßen, sind bekannt. Das alles müßte die Lust zum Intervenieren eigentlich dämpfen. Leider besteht sie weiter. Die Sowjetunion kann sich wegen ihrer Sendung als Vorkämpfer und Treuhänder des Sozialismus nur schwer von dieser Form der Kriegführung trennen. Die 1968 verkündete Breschnewdoktrin rechtfertigt ausdrücklich bewaffnete Interventionen Moskaus. Die Gefahr, daß es zu solchen komme, wird durch den Umstand erhöht, daß der Kreml allein bestimmt, ob die Voraussetzungen dafür gegeben sind. Und weiter wird sie durch die Moskau eigene Taktik erhöht, bei jedem unerwünschten Ereignis in einem Satellitenland oder in der dritten Welt »den Westen« oder eine der Westmächte anzuklagen, eine Intervention zu planen oder schon eingeleitet zu haben. Das soll dann die bewaffnete Intervention Moskaus rechtfertigen. Auf diese Weise ist der Angriff auf Afghanistan vom Dezember 1979 und die Unterwerfung des Landes gerechtfertigt worden. Das gleiche Argument wurde auch am 30. Oktober 1980 mit Bezug auf die soziale und politische Unrast in Polen vorgetragen.

Die Strukturen der heutigen Gesellschaften, ob sie zu den technisch entwickelten oder zu den in Entwicklung begriffenen gehören, ob sie demokratisch organisiert oder von einem Diktator beherrscht sind, machen Interventionen im gewohnten Sinn schwierig. Völker sind sich heute ihrer Identität bewußt. Ihre Mitglieder verfügen über weit mehr Informationen über sich selber und über die Umwelt als früher. Der Mensch ist deshalb weniger geneigt, das Diktat einer höheren Autorität zu akzeptieren, besonders wenn es eine ihm fremde Autorität ist. Er wagt dann, selbst gegen überwältigende Macht Widerstand zu leisten.

Bezeichnend für die heute einer Intervention entgegenstehende Schwierigkeit ist ein Phänomen, das mit unserer weltstrategischen Umgebung zusammenhängt. Wie es scheint, ist militärische Macht heute weniger gefürchtet als einst. Das trifft besonders für die Entwicklungsländer zu und hängt mit der Ausbreitung technischen Wissens und Könnens zusammen. Man hat sich daran gewöhnt, die Atombombe als äußerstes Schrecknis zu betrachten. Wenn militärische Machtentfaltung nicht mit nuklearer Vernichtung gleichbedeutend ist, macht sie dem modernen Menschen offenbar nur noch geringen Eindruck.

Wir kommen also zu dem Schluß, daß die Entwicklungsländer heute nicht weniger und nicht mehr von der Gefahr einer fremden Intervention bedroht seien als die industriell fortgeschrittenen Nationen. Das gilt ganz besonders auch für Lateinamerika, wo in früheren Zeiten die Vereinigten Staaten von Amerika auf einem politisch-moralischen Recht zur Einmischung in die inneren Verhältnisse beharrten. Derartige außenpolitische Doktrinen gehören der Vergangenheit an.

SEEMACHT IN NEUER SICHT

Seemacht war während Hunderten von Jahren der Schlüssel zur Machtstellung einer Nation überhaupt. Admiral A. T. Mahan hat diese Wahrheit in einem zum Klassiker gewordenen Buch 1890 niedergelegt. Dann kam eine Zeit, in der Landmacht und Luftmacht den Flotten ihren Rang zeitweise mit Erfolg streitig machten.

Aber heute?

Wir sind Zeuge eines Aufstiegs der Seemacht. Das hängt mit einer neuen Bedeutung des Meeres in verschiedenstem Sinne zusammen: Eine erste neue Bedeutung erhält das Meer durch die strategische Thermonuklearmacht. Die See ist das Versteck der Unterseekreuzer, die im System des nuklearen Gleichgewichts der gegenseitigen Abschreckung zwischen den Weltmächten eine so große Rolle spielen. Zum zweiten ist die wirtschaftliche Bedeutung des Meeres heute eine andere, erweiterte.

Die Weltmeere sind nicht nur die traditionellen Straßen des Weltverkehrs. Sie sind eine wichtige Nahrungsquelle für die wachsende Menschheit geworden. Japan könnte ohne die Fischerei nicht als große Industrienation bestehen. Die Völker der Sowjetunion würden angesichts der ungenügenden landwirtschaftlichen Produktion des Riesenreiches Hunger leiden, wenn nicht die größte Fischereiflotte der Welt den Reichtum der Ozeane ausbeutete. Im Meer liegen die neuen Quellen von Erdöl und Erdgas, die später die Erzeugnisse des Mittleren Ostens ersetzen werden. Auch andere Rohstoffe liegen auf dem Meeresgrund, und eines Tages wird die Technik gelernt haben, sie auszubeuten. Aus diesem Grunde dehnt sich die Begehrlichkeit der Nationen weit über die offene See aus.

Seit der UNCLOS-Konferenz von Caracas von 1974 steuert man gegen alle Widerstände auf die Ausweitung der Küstengewässer auf 12 Meilen (22 Kilometer) und auf die Anerkennung einer Zone ausschließlicher wirtschaftlicher Benützungsrechte der Küstenstaaten (EEZ) von 200 Meilen (370 Kilometer) hin. Diese neuartige wirtschaftliche und strategische Nutzung des Meeres zwingt die 135 ans Meer grenzenden Staaten, ob sie groß oder klein sind, sich Instrumente zur Bestätigung ihrer Hoheit über die von ihnen ausschließlich beanspruchten Seegebiete und zur Ausübung der Polizeigewalt zuzulegen.

Die verwandelte Weltwirtschaft, in der die gegenseitige Abhängigkeit vom Austausch von Rohwaren und Industrieerzeugnissen so sehr gewachsen ist, hat auch die Bedeutung der Seewege vervielfacht. Was wäre zum Beispiel die Wirtschaft Westeuropas ohne den Strom der Riesentanker um die Südspitze Afrikas? Was wäre Japan als die dritte Industriemacht der Welt ohne sein Netz von Schiffahrtsstraßen? Nie wäre der Aufstieg von einzelnen Nationen der Entwicklungswelt zu hoher Prosperität möglich gewesen ohne ein ausgebautes und gut funktionierendes System der Schiffstransporte. Den lebenspendenden Blutstrom im Frieden und im Kriege im Fluß zu halten vermag nur die Seemacht.

Auch militärisch hat das Meer eine neue Bedeutung gewonnen. Der Kampf um Einfluß bei den aus kolonialer Abhängigkeit entlassenen Völkern ist zum großen Teil wirtschaftlicher Art, zum Teil aber auch psychologisch. Wir gewinnen Zuneigung und Vertrauen, wenn wir uns nicht nur als Freund, sondern als mächtiger Freund aufspielen können. Einst – bis vor kurzem – meinten wir, die Macht, die wir zeigen wollen, werde durch Luftmacht verkörpert. Heute wissen wir, wie unvollkommen und wie wenig weitreichend die Luftmacht ist. Sie steht und fällt – oder besser sie fliegt oder fliegt nicht – mit dem Besitz von Stützpunkten. Solche sind angesichts des wachsenden Nationalismus immer seltener geworden und immer schwieriger zu beschaffen. Und – die Luftmacht sieht man nicht, es sei denn, sie male einige Kondensstreifen in den Himmel.

Sowohl vom Westen wie von den Sowjets wird anerkannt, daß die Seemacht wie kein anderes Instrument geeignet ist, weltpolitische Ziele zu verwirklichen. Schiffe auf hoher See oder in fremden Häfen werden gesehen. Man kann sie überall erscheinen lassen und leicht wieder unter den Horizont zurückziehen, je nach den politisch-militärischen Bedürfnissen. Wie der sowjetische Admiral S. G. Gorschkow schrieb, hat die Flotte einzigartige Möglichkeiten zur Unterstützung diplomatischer Aktionen auch ohne eigentlichen Waffengebrauch. Diese Meinung wird vom Westen – der in dieser Beziehung über eine vielhundertjährige Erfahrung verfügt – voll geteilt. Seemacht ist wegen ihrer Flexibilität und Unabhängigkeit von Landstützpunkten der Luft- und Landmacht weit überlegen.

Aus allen diesen Gründen hat die Sowjetunion seit zwanzig Jahren große Anstrengungen unternommen, eine wahre Seemacht zu werden. Einst nur in der Lage, ihre Küsten in West und Ost und am Schwarzen Meer zu verteidigen und vielleicht den Unterseebootkrieg gegen die Schiffahrt eines Feindes zu führen, gebietet sie heute über eine mächtige Flotte von Überwasserschiffen. Sie kann überall ihre Macht demonstrieren. Eine strategisch-politische Niederlage wie 1962 in der Kubakrise wäre bei der heute vorhandenen sowjetischen Seemacht ausgeschlossen.

Die Rolle der Seemacht ist in Friedenszeiten im Ringen um den politischen Einfluß in der Welt entscheidend geworden. Für den Fall eines Krieges, ob örtlicher Krieg oder großer Krieg, lassen sich aus dem neuen Bild der Seemacht unerwartete Schlüsse ziehen: Ein Krieg könnte sich als reiner Seekrieg außerhalb der Kontinente abspielen.

V
REALISTISCHE ANTWORTEN

EINE WIRKSAME STRATEGIE

Wir haben versucht, das Bild der Kriegsvorbereitungen, die in der ganzen Welt betrieben werden, ohne Übertreibungen und Beschönigung zu zeichnen. Mit diesem Bild vor Augen müssen wir uns die Frage stellen, was denn geschehen werde, wenn alle diese Vorbereitungen das mit ihnen in erster Linie verfolgte Ziel verfehlen sollten. Das Ziel ist heute, einen Krieg durch Abschreckung, durch Abhaltung überhaupt zu verhindern. Was geschieht, wenn zur kriegerischen Tat geschritten werden muß?

Aus dem hier entworfenen Bild der Sicherheitsstrategie der Weltmächte sowohl auf nuklearem wie auf nichtnuklearem Gebiet ergibt sich ein überraschender, aber auch zwingender Schluß: Ihre Vorstellungen, wie ein großer Krieg ausbrechen, wie er geführt, wie er beendigt werden und wie eine Partei ihn gewinnen könnte, sind unrealistisch. Unter »gewinnen« sei hier weniger an den bloß militärischen Sieg über die Streitkräfte des Gegners gedacht als an den Gewinn irgendwelcher Art, den ein Krieg bringen könnte. Ist ein Ausgang möglich, welcher der siegreichen Partei dauernde Vorteile bringt? Ein solcher Ausgang ist, wenn die strategischen Methoden angewendet werden sollten, auf die sich die Weltmächte eingestellt haben, ausgeschlossen.

Es ist selbstverständlich, daß die strategischen Planer in Moskau und Washington, ob sie Uniform tragen oder im Zivilkleid in ihren Denklaboratorien sitzen, dies ebensogut wissen wie der westeuropäische, von jedem Entscheidungszentrum unabhängige Beobachter und Kommentator. Aber sie haben als Träger von Verantwortung für ausgeführte oder noch auszuführende Sicherheitsmaßnahmen und Kriegsvorbereitungen im Rahmen der Panoplien zu denken, die nun einmal vorhanden sind. Längst gefällte Entscheide, traditionelle Vorstellungen und Denkmethoden, politische Zwangslagen, die eigenen politischen Erfahrungen und Wünsche, die aus ihnen entspringenden Vorurteile bestimmen die Atmosphäre, welche sie umhüllt und die sie atmen. Erste Priorität der Fachleute kann nicht sein, von den traditionellen Gleisen abzuweichen, sondern im Rahmen des Vorhandenen und längst Vorbedachten die besten Lösungen zu entwerfen. Für uns ist die erste Priorität: zu überlegen, wohin diese Gleise denn überhaupt führen.

Man kann, sollte es zu der gefürchteten Weltkatastrophe kommen, von der Gewißheit ausgehen, ein großer Krieg werde an der europäischen Zentralfront ausbrechen oder, wenn er anderswo, etwa in Japan oder Alaska oder auf den Meeren zuerst aufflammt, auf die europäische Zentralfront übergreifen.

Die sowjetische strategische Doktrin sieht für den Krieg in Europa Vorstöße mit Panzerarmeen durch die von der NATO besetzte Front und die schnelle Zerstörung aller militärischen und politischen Kommandozentralen des Feindes vor. Die für die Kriegführung des Westens wichtigen Einrichtungen und Industrien werden im Zuge des Vorstoßes besetzt. Sollte die Abwehr der NATO, um Durchbruch und Niederlage abzuwenden, zu den für das engere und erweiterte Kampffeld bereitgestellten Nuklearwaffen greifen, würden ihre Feuerbasen mit ebensolchen Waffen niedergekämpft. Fortsetzung wie vorher.

Sollten sich die Vereinigten Staaten von Amerika zum nuklearen Gegenschlag gegen die Sowjetunion mit dem Mittel der Fernwaffen entschließen, würde die Antwort mit entsprechenden Schlägen erteilt. Nach amerikanischer Doktrin könnte ein solcher Gegenschlag – gegen die Sowjetunion oder einen ihrer Verbündeten gerichtet – zuerst in der Form einiger Warnschüsse geführt werden oder aber das Ausmaß eines entwaffnenden Präventivschlags annehmen. Dann würde die Reaktion der Sowjets in entwaffnenden Schlägen gegen die in Amerika gelegenen Fernwaffenstellungen bestehen. Symbolische Warnschüsse haben im Denken der Moskauer Strategen keinen Platz. Damit hätte nun der große Nuklearkrieg begonnen, und die Gefahr läge nahe, daß er sich zur gegenseitigen Zerstörung steigert.

Das vom Oberkommando des Nordatlantikpaktes und den Vereinigten Staaten vorgesehene Szenario beginnt mit der Vorwärtsverteidigung der NATO-Streitkräfte an der Grenze, deren Schutz ihnen anvertraut ist. An Zahl zwar gering, aber mit großer Feuerkraft ausgestattet, sollen diese Truppen die sowjetischen Panzerspitzen aufhalten und die Panzerkonzentrationen und die sie begleitende Infanterie und Artillerie in ihren Bereitstellungsräumen zu zertrümmern suchen. Gelingt dem Feinde trotzdem der Durchbruch, werden mit den nuklearen Gefechtsfeldwaffen die gesamten Basen der Panzerarmeen vernichtet. Die vorwärtsdrängenden feindlichen Truppen werden von ihren Basen abgeschnitten und dann die Beute der rasch zusammengefaßten Reserven der NATO. Daß die nuklearen Gegenschläge nicht auf sich warten lassen, weiß man. Darum wird parallel dazu die Sowjetunion von einer weiteren Steigerung der Offensive abgehalten, indem man auf eine lebenswichtige Kommandozentrale oder auf Fernwaffenstellungen weit im Hinterland atomare Warnschüsse abgibt. Das sollte dazu führen, daß beide Seiten betroffen innehalten und Verhandlungen suchen.

Der Vergleich dieser strategisch–operativen Planung mit dem wahrscheinlich vom sowjetischen Oberkommando eingeschlagenen Weg zeigt, daß es kaum zu dieser Pause und den erhofften Verhandlungen kommen wird. Ist der Weg des Nuklearkriegs einmal betreten, braucht es nur noch einen Schritt zu seiner Steigerung, zur Eskalation auf weitere Stufen, die dann zur alles zerstörenden Höhe überleiten. Die Verluste an Menschenleben und an Werten sind dann so groß, daß weder für die eine noch die andere Seite ein Kriegserfolg, ein Gewinn vorstellbar ist, der die katastrophalen Verluste aufwiegt.

Die Strategie beider Seiten ist unrealistisch, weil sie zu keinem erwünschten Ziel führen kann.

Die Aufgabe wäre also, eine wirksame, eine realistische Strategie zu finden, solange wir mit der heutigen Weltlage, wie wir sie kennen, zu rechnen haben. Eine Strategie kann, wie wir gelernt haben, nicht auf dem Wege der Vereinbarungen gefunden werden. Das Bild zweiseitiger oder mehrseitiger Vorschläge für Rüstungsbeschränkungen und kollaterale vertrauenbildende Maßnahmen, die seit 1973 erfolglos in Wien geführten Verhandlungen über einen gegenseitigen abgewogenen Truppenabbau (MBFR), ist deutlich genug: Jeder Vorschlag, von welcher Seite er komme, wird mit Mißtrauen aufgenommen. Nur mutige, sinnvolle, einseitige Vorleistungen könnten das Eis brechen. Nun verstehen wir hier aber Vorleistungen nicht im Sinne einseitiger Abrüstung, sondern im Sinne der Vorstellung eines neuen strategischen Konzepts und seiner Verwirklichung. Und dieses Konzept ist, hier mit ganz groben Strichen umschrieben: sinnvolle Stärkung der konventionellen Abwehrkraft als Instrument einer realistischen Strategie. Herstellung eines neuen Gleichgewichtszustandes, von dem aus dann beide Seiten zu Rüstungsverminderungen schreiten könnten.

DIE NATO

Hier soll nun das Bild einer wirksamen Strategie für die eine Seite, die NATO, skizziert werden. Ihr Ziel ist, den Gebrauch von Nuklearwaffen auf dem eigentlichen Kriegsschauplatz überflüssig zu machen. Könnte den Völkern und ihren Regierungen die Gefahr, die der Gebrauch von Nuklearwaffen in Mitteleuropa darstellt, begreiflich gemacht werden, würden sie sich vielleicht zu den Anstrengungen, den Unbequemlichkeiten, den finanziellen Opfern aufraffen, die zur Abwendung der Gefahr unter gleichzeitiger Wahrung der Sicherheit nötig sind.

Die NATO verfügt heute über eine Menge von Nuklearwaffen – darin den Armeen der Sowjetunion durchaus ähnlich –, die in keinem erdenklichen Fall gebraucht werden können. Bevor auch nur ein kleiner Teil von ihnen auf dem europäischen Kriegsschauplatz abgeschossen wäre, hätte der Krieg mangels Kämpfender aufgehört. Zur Wartung und Bewaffnung dieses Übermaßes von Waffen, die an hundert verschiedenen Stellen in Westeuropa gelagert sind, braucht es Personal in der Stärke einer Division. Die Kosten der Lagerung betragen etwa eine Milliarde DM im Jahr.

Die NATO muß – und kann – eine wirkliche konventionelle Verteidigung aufbauen. Von 1969 bis 1979 hat die Truppenstärke der Sowjetunion von 3,3 Millionen auf

3,66 Millionen Mann zugenommen. Die vier Hauptmächte der NATO dagegen – Amerika, Bundesrepublik Deutschland, Frankreich und Großbritannien – haben ihre Truppenstärke im gleichen Zeitraum von 2,35 Millionen auf 2,33 Millionen Mann absinken lassen. Dabei ist der amerikanische Anteil unverändert mit einer Million Mann eingesetzt, obwohl nur 280 000 Mann tatsächlich in Europa stehen, aber durch Lufttransport rasch ergänzt werden können. Nur die Bundesrepublik Deutschland hat ihre Verteidigung verstärkt. Von den waffenfähigen Männern in der Bundesrepublik zwischen 18 und 45 Jahren dienen 12,5 Prozent in der Bundeswehr und den Reserven. In Frankreich beträgt die Zahl 8 Prozent. Nun ein Vergleich mit einem außerhalb der NATO stehenden neutralen Land. Die Schweiz mit ihrem Wehrsystem, das bewußt auf die Bereitstellung einer sehr großen Armee gerichtet ist, kommt auf die Zahl von 47 Prozent. Man sieht also, daß es möglich ist, neben den Eingreifspitzen, sofern man die Reserven ausbaut und eine mächtige Milizarmee aufbaut, eine unüberwindliche konventionelle Abwehr zu errichten. Die NATO könnte die Zahl ihrer Fronttruppen leicht verdoppeln. Es wäre ihr also möglich, an der europäischen Zentralfront ohne amerikanische Bodentruppen eine Armee von vier Millionen Mann bereitzustellen, und zwar ohne Nuklearwaffen. Von einer Gefährdung aus dem Osten mit nur konventionellen, also nur mit den nichtnuklearen Waffen, brauchte dann überhaupt nicht mehr gesprochen zu werden.

Bei einer auf Bereitschaftsspitzen und eine große Reservearmee gestützten Abwehr, die voll ausgerüstet und ausgebildet und kampfbereit ist, braucht man ein System rascher Mobilmachung und geschützter Entfaltung der Reserven. Das leitet hinüber zu der Forderung, die schon lange in der Luft liegt, die aber niemand zu formulieren wagt: die bekannten Einfallachsen durch ständige Befestigungen zu schützen. Dieser Forderung steht das tief wurzelnde Vorurteil des professionellen Militärs gegen Festungen entgegen. Es ist auf Beweglichkeit eingeschworen. Mit der Behauptung, die Maginotlinie habe 1940 versagt, wird jeder weitere Versuch des Ausbaus eines modernen, weit über das Konzept Maginot hinauswachsenden Verteidigungskonzepts verhindert.

Es bedeutet einen Widersinn, wenn das Oberkommando des Nordatlantikbündnisses, das sich zur Verteidigung von West- und Südeuropa und nur zur Verteidigung bekennt, seine Aufgabe ganz ausschließlich mit offensiven Waffen und einer Offensivstrategie erfüllen will. Die Entwicklung von C3 in den letzten Jahren hat die Bedingungen der Kriegführung tief verändert. Man sieht alles, weiß alles, trifft alles. Die Meinung, nur Beweglichkeit könne vor der gesteigerten Feuerkraft moderner Waffensysteme schützen, steht in Widerspruch zu der gleichzeitig aufgestellten These, nach der jedes Objekt, jede Waffe bei Tag und bei Nacht entdeckt werden, bei jedem Wechsel des Standortes verfolgt und getroffen werden kann. Die Frage stellt sich in neuer Form, ob Beweglichkeit oder Deckung vorzuziehen sei.

Der Beweglichkeit sind überdies in den engen Räumen eines Kriegsschauplatzes Westeuropa, der etwa ein Rechteck von 350 mal 700 Kilometer umfaßt, verhältnismäßig enge Grenzen gesetzt. Weitreichende Waffen können einen großen Teil dieser Zone bestreichen. Eine Verschiebung ihres Standortes um einige Kilometer steht im Mißverhältnis zu ihrer eigenen weit größeren Reichweite. Eine Verbindung von beweglichen Verbänden mit festen, gepanzerten und befestigten Zentren für weitreichende Waffen, die gleichzeitig Mittelpunkte der C3-Systeme sind, wäre ein Teil der realistischen und wirksamen Strategie, die an Stelle der unwirksamen Nuklearstrategie treten muß.

WEHRPFLICHT UND ZIVILSCHUTZ

Dies ist ein Buch des politischen Überblicks und nicht der Militärwissenschaft. Die wirksame Strategie, mit der ein Nuklearkrieg vermieden werden könnte, wurde deshalb nur skizzenhaft dargestellt und nur in der Absicht, deutlich zu machen, daß die Lage nicht hoffnungslos ist. Wir brauchen nicht in fatalistischer Ergebenheit dem Weltuntergang zuzutreiben. Wir müssen uns nur etwas einfallen lassen. Die Strategie, die hier in diesem Sinn skizziert worden ist, fordert sehr große Armeen, Massenarmeen. Der Lösung stehen deshalb die hohen Kosten, die mangelnde Bereitschaft der Europäer und Amerikaner für den Militärdienst und das Vorurteil aller militärischen Führer, Forscher und sonstigen Experten entgegen. Ihr Ideal ist und bleibt die hochspezialisierte, hochgerüstete kleine Berufsarmee, was auch ihr Nutzen oder Unnutzen sein mag.

Die Kosten einer Massenarmee sind nie errechnet worden. Ein Zahlenvergleich zwischen heute und einem möglichen Morgen ist also sehr schwierig. Wie das israelische, schwedische und schweizerische Beispiel, allerdings in einem verkleinerten Maßstab, zeigt, ist die Milizarmee das billigste bis jetzt geschaffene Sicherheitsinstrument. Was die Bereitschaft zum Militärdienst anbelangt, so könnte ihr die Milizarmee vielleicht förderlich sein. Guter Wille ist eher zu erwarten, wenn eine Bürde von allen gleichmäßig getragen wird und nicht nur von wenigen. Wenn nur ein kleiner Teil der Wehrfähigen ausgehoben wird, muß das als willkürlich und ungerecht erscheinen. Wer Dienst leistet, fühlt sich dann benachteiligt. Wenn in der Bundesrepublik Deutschland 500 000 Mann dienen müssen und es tun, warum sollen dann nicht 1,5 Millionen Mann das gleiche leisten können?

In den Vereinigten Staaten von Amerika war die Schwierigkeit der Auswahl der nur wenigen, die von den Streitkräften benötigt werden, stets das große Problem, solange man die Dienstpflicht kannte. Die Auswahl weniger, die nicht ohne Ungerechtigkeit und Ungleichheit zu bewerkstelligen war, wurde zum Hauptgrund für die Auflehnung gegen den Militärdienst und damit auch für die Auflehnung gegen das Abenteuer in Vietnam. In Amerika sind allerdings die Größenverhältnisse derart, daß dort eine für Westeuropa in Frage kommende Lösung nicht möglich ist. Es sind vor allem die kontinentaleuropäischen Nationen, die im unmittelbaren Bereich des Ostblocks liegen, die sich für eine umfassende Dienstpflicht, für eine Massenarmee eignen und die deshalb die besondere Anstrengung unternehmen könnten, die ihnen wirkliche und dauernde Sicherheit verspricht.

Zur Sicherheit gehört in einer von Waffen starrenden Welt der Zivilschutz. Es ist möglich, einen Teil der Bevölkerung vor den Folgen eines Krieges, sei es eines Nuklearkriegs oder eines ohne Atombomben ausgefochtenen Konflikts, zu schützen. Beide Kriegsformen sind schrecklich und würden schwere Verluste fordern. Mit ausgebautem Zivilschutz aber kann ein Teil des Volkes wenigstens überleben.

Die Sowjetunion und die Volksrepublik China haben das längst eingesehen. An den verwundbarsten Stellen, besonders in den Großstädten, entstehen dort Netze von Schutzbauten verschiedener Art und verschiedener Systeme, in die sich das Volk in einem Notfall retten kann. Zu den unterirdischen Bauten, die nötig sind, gehört eine weitverzweigte und guteingespielte Organisation. Ihre Aufgabe ist es, die Bevölkerung zu informieren, zu warnen, zum Aufsuchen der Schutzräume aufzufordern, deren Ausrüstung mit allem Nötigen zu sichern und zu kontrollieren. Sie muß die ärztliche Versorgung der Massen von Verletzten, die es unvermeidlicherweise geben wird, gewährleisten. Diese umfassende Aufgabe ist in den kommunistischen Ländern und auch bei einigen Neutralen in Angriff genommen und stellenweise schon weit gefördert worden.

Von der Notwendigkeit und Möglichkeit des Zivilschutzes zu reden ist also nicht Utopie. Es wird nichts Unmögliches und Unwirkliches verlangt, wie die Beispiele zeigen. Seltsam und ein Symptom der Schwäche des Westens, die es zu überwinden gilt, ist aber der Zweifel und die lächelnde Ablehnung des Allernötigsten – bei hoch und niedrig.

Es war den Vereinigten Staaten von Amerika vorbehalten, im Rahmen ihrer Atomstrategie, die ja, wie wir gezeigt haben, reich an Seltsamkeiten und irrationalen Komponenten ist, den Zivilschutz abzulehnen. Der Verzicht auf Schutz und Rettung der Zivilbevölkerung im Falle einer kriegerischen Katastrophe wird vielmehr als eine Garantie der Sicherheit ausgelegt und propagiert. Dazu dient folgender Gedankengang: Wenn die Zivilbevölkerung schutzlos der nuklearen Vernichtung überlassen ist, muß alles darangesetzt werden, den Gegner von einem Atomangriff abzuhalten. Das geschieht durch die nukleare Abschreckung. Diese wird aber gefestigt, wenn der Gegner weiß oder doch als gewiß annimmt, daß Amerika keinen ersten Schlag, also keinen Nuklearüberfall, plant. Weil ein solcher erster Schlag einen Gegenschlag auslöst und also die wehrlose Zivilbevölkerung vernichtet wird, weiß der Gegner – also die Sowjetunion oder

China oder eine andere mögliche Atommacht –, daß Amerika keinen ersten Schlag führen kann – und es nicht können will. Weil der Feind das weiß, wird er keinen Präventiv- oder Präemptivschlag planen und führen; er hat ja keinen ersten Schlag zu fürchten. Die Sicherheit wird also damit erkauft, daß man die eigene Bevölkerung schutzlos dem Gegner als Geisel hingibt in der Hoffnung, ihn damit von einem Angriff abzuhalten. Dem Volke wird eingeredet, es müsse und könne auf einen Schutz in unterirdischen Bauten verzichten, weil es so sicherer sei.

In Amerika selber wird diese Sicherheitsstrategie als absurd und wirklichkeitsfremd gegeißelt, weil ihr Gelingen ja ganz davon abhängt, ob ein Gegner den gleichen komplizierten Gedankengang vollzieht oder nicht. Aber das Hingeben der Bevölkerung als Geisel ist und bleibt die offizielle Doktrin. Gewiß ist sie zum Teil als Rechtfertigung für den Verzicht auf eine wirksame Zivilschutzpolitik ausgedacht worden, an die man sich aus innenpolitischen Gründen nicht heranwagt. Es ist dem amerikanischen Volk, das sich im Grunde seiner Seele auf einem fernen Kontinent so sicher fühlt wie zur Zeit der Segelschiffe, einfach nicht begreiflich zu machen, daß Zivilschutz in der Zeit der Interkontinentallenkwaffen ernstgenommen werden müßte.

Bei den Völkern Westeuropas, von denen die meisten die Leiden eines Krieges schmerzlich kennengelernt haben, wäre es leichter, für ein ernstes Wort der Mahnung und Warnung Hörer zu finden. Aber dieses Wort wird von den Machthabern nicht gesprochen.

BESCHRÄNKUNG UND ABSCHAFFUNG DER ATOMWAFFE

Von der hergebrachten Nuklearstrategie zu einer realistischen Sicherheitsdoktrin überzugehen ist ein kühnes Verlangen. Eine so radikale Umstellung würde notwendigerweise viel Zeit, Kraft und viel diplomatisches Geschick erfordern. Denn es ist ja nicht eine einzelne Macht, die entscheiden kann, sondern es muß ein weiter internationaler Konsens gefunden werden. Die Anstrengung lohnt sich aber, wenn damit der Ausgangspunkt für ernsthafte Bemühungen um eine wirkliche Rüstungsbeschränkung gefunden wird. Wir sagen »ernsthafte Bemühungen«. Denn in den fünfzig Jahren, in denen allerdings mit vielen Unterbrechungen über Abrüstung und Rüstungsbeschränkung verhandelt wurde, war das Ziel aller Teilnehmer immer und ohne Ausnahme, den nahen und fernen Nachbarn und möglichen Gegner unter dem Vorwand der Abrüstung zu schwächen und damit eigene Überlegenheit zu gewinnen oder aufrechtzuerhalten. Alle pazifistische Rhetorik, die solche Verhandlungen zu begleiten pflegt, täuscht nicht über diese Tatsache hinweg.

Der neue Ausgangspunkt muß nun sein, das Sicherheitsbedürfnis des Gegenübers und auch dritter Nationen wirklich zu begreifen und als eine Realität anzunehmen. Es muß dann mit dem Ziel verhandelt werden, das Gleichgewicht zu festigen und nicht zu stören.

Das Stocken der SALT-Verhandlungen hat eine neue Diskussion über die Möglichkeit oder Unmöglichkeit von vereinbarten Rüstungsbeschränkungen eröffnet. Von vielen wird angenommen, daß der Glaube an erfolgreiche Verhandlungen eine naive Verirrung sei. Diese pessimistische Beurteilung ist leicht zu erklären: in erster Linie durch die bisherigen Mißerfolge. Ferner richtet sich die Aufmerksamkeit ausschließlich auf das Verhältnis zwischen der Sowjetunion und den Vereinigten Staaten von Amerika. Weil die öffentliche Diskussion des Problems vor allem in Amerika oder doch unter dem Einfluß der auf diesem Gebiet so aktiven Organe der amerikanischen öffentlichen Meinung geführt wird, die sich ja nicht in das Denken anderer Nationen einfühlen können, ist ausschließlich von den Sicherheitsbedürfnissen des Westens die Rede.

Die Motive und Bedürfnisse Moskaus werden nicht wirklich in Rechnung gestellt, sondern auch immer nur von einer amerikanischen Warte aus beurteilt. Sie ist und bleibt amerikanisch, auch wenn sich die Theoretiker einbilden, tiefes Verständnis für die russische Seele zu besitzen. Ein weiterer Grund, der das Verhandeln als aussichtslos erscheinen läßt, ist die Tatsache, daß man sich mit quantitativen und qualitativen Beschränkungen auf einzelnen Sektoren befaßt, statt sich an umfassende Maßnahmen zu wagen. Und schließlich bleiben die politisch-psychologischen Voraussetzungen vernachlässigt, die Frage nach der Aussicht für eine Annäherung in strategischen Grundanschauungen, die Vorbedingung einer Rüstungsbeschränkung wäre.

Wir alle wissen, daß von seiten der Sowjetunion seit der Erfindung der Atomwaffen deren gänzliche Abschaffung propagiert wird. Weil dies mit besonderem Nachdruck geschah, als die Sowjets weder über Fissions- noch Fusionsbomben verfügten, wurde mit Recht gesagt, es handle sich um bloße Propaganda und einen Vorgang der psychologischen Kriegführung. Man müßte jetzt aber überlegen, ob die Forderung nicht andere Akzente, überhaupt eine andere Bedeutung bekam, als Moskau selber über die »absolute Waffe« zu gebieten begann. Ob nicht

Moskau gerne gerade auf diese Waffe verzichten würde, wenn die Gewißheit bestände, daß keine andere Großmacht sie hat und haben kann?

Die Forderung nach totaler Abschaffung wurde von den Sprechern Moskaus immer wieder erhoben, und zwar auch mitten im Aufbau der sowjetischen Nuklearmacht. Die Forderung steht immer noch auf dem deklarierten Programm der Sowjetunion. Weil sie so kraß im Gegensatz zu dem wirklichen Tun stand und steht, wird sie nicht ernstgenommen. Der Beweis müßte aber erst noch erbracht werden, daß die Sowjetunion nicht in Verhandlungen eintreten würde, wenn sie trotz allem angeborenen Mißtrauen einmal überzeugt ist, daß die Vereinigten Staaten – und mit oder etwas nach ihnen auch Großbritannien und Frankreich und China – wirklich den Wunsch haben, sich der ungeheuren moralischen, strategischen und wirtschaftlichen Bürde der Nuklearbewaffnung zu entledigen.

Das amerikanische strategisch-politische Denken, total besessen von den Problemen der Nuklearstrategie, hat die Äußerungen Moskaus nie ernstlich in seine Studien und Planungen einbezogen.

Da der Westen auf dem nichtnuklearen Gebiet dem Warschauer Pakt unterlegen ist, wäre es auch unrealistisch, an die Möglichkeit zu glauben, die Atomwaffen könnten wirklich abgeschafft werden, solange diese Unterlegenheit besteht. Es ist selbstverständlich, daß ein schrittweises Vorgehen gefunden werden muß, bei dem sich keine der Parteien in irgendeinem Augenblick verunsichert fühlt.

Die Frage ist hier gestellt, ob die konventionelle Unterlegenheit des Westens eine Tatsache ist, mit der man sich auf alle Zeiten abzufinden hat, und ob man für immer an der Drohung mit dem ersten Gebrauch von Kernwaffen festhalten muß. Im vorhergehenden Abschnitt ist eine wirksame Strategie ohne Kernwaffen skizziert worden. Aus einem Rückblick auf Vorgänge der letzten Jahrzehnte kann auch geschlossen werden, daß die Strategie der NATO erneuerungsfähig ist: Als in der Mitte der fünfziger Jahre die Erkenntnis dämmerte, es sei nötig, neben der Atombombe über genügende konventionelle Streitkräfte zu verfügen, sofern man nicht vor die Wahl zwischen Nuklearkrieg und Kapitulation gestellt sein wollte, zog man die Konsequenzen. Die NATO-Streitkräfte wurden – wenn auch in zu engen Grenzen – umgebaut und in ihren Grundzügen verwandelt. Die nichtnukleare Verteidigung wurde erst in diesem Augenblick ernstgenommen, und Schritte zu ihrem Aufbau wurden eingeleitet. Das Bild von »Schild und Schwert« verschwand von der Wand, und der »Stolperdraht« wurde eingerollt. Heute, wo alle voll ermessen können, welche Katastrophe ein Nuklearkrieg wäre, ob er auf Europa beschränkt oder weltweit geführt sei, ist ein ähnliches Umdenken an der Zeit und gewiß nicht schwieriger als das Umdenken der sechziger Jahre. Wenn man 1961 einen kühnen Schritt tun konnte, warum denn nicht 1981?

Internationale Sicherheit muß sein, und sie ist in der heutigen Welt nur in der Verbindung von Außenpolitik, Abrüstungspolitik, Wirtschaftspolitik und militärischer Macht vorstellbar. Abrüstung ist eine Illusion, besonders in der in unzähligen offiziellen Erklärungen beschworenen Form der »allgemeinen und vollständigen Abrüstung«. Rüstungsbeschränkungen aber, angepaßt an die wirklichen Interessen aller beteiligten Nationen, sind möglich. Die wirksamste, weltverändernde Beschränkung ist die Abschaffung der Nuklearwaffen.

Abschaffung der Nuklearwaffen als eine Teilmaßnahme der Rüstungsbeschränkung ist indessen nur vorstellbar, wenn vorher das abzuschaffende Sicherheitsinstrument durch ein anderes angemessen ersetzt ist. In diesem Falle ist es das Instrument der konventionellen Abwehr. Die Abschaffung der Atomwaffe muß natürlich schrittweise erfolgen, und die nötigen Schritte sind bekannt und in unzähligen Verhandlungen genannt worden: Einstellung aller Explosionsexperimente, Einstellung aller Versuche mit Fernlenkwaffen, Verminderung der Zahl der Fernlenkwaffen, Beseitigung der Gefechtsfeldwaffen, Abschaffung der Nuklearsprengköpfe, Verwandlung des Sprengstoffs in Betriebsstoff für Kraftwerke. Schwerter in Pflugscharen ...

Die Sowjetunion ringt mit ernsten Problemen wie der Rückständigkeit ihrer Industrie, dem Mangel an Lebensmitteln, der Unrast im Satelliten- und Kolonialreich. Im Innern fehlt ihr die Möglichkeit zur Erneuerung oder auch nur Verbesserung ihres erstarrten Regierungssystems. Auf strategischem Gebiet, wo die Sowjetunion stark ist – hier liegt ihre einzige Stärke –, kann sie Entlastung und Erleichterung suchen.

Die Vereinigten Staaten sind tief besorgt über die Fragwürdigkeit ihrer so einseitig auf die Nuklearwaffen gestützten Sicherheitspolitik. Beide Weltmächte erkennen, daß ihre strategischen Nuklearwaffen trotz aller Bemühungen, sie zu schützen, von Jahr zu Jahr verletzlicher werden. Die unterirdischen Silos können immer genauer getroffen werden. Die beweglichen Waffen können erkannt und in ihren Bewegungen verfolgt werden. Ein System zur Entdeckung der unter der Meeresoberfläche lauernden Unterseekreuzer wird eines Tages erfunden sein. Das Ausmaß der Folgen eines Nuklearkrieges – auch nur eines begrenzten – ist sattsam bekannt.

Die Lage ist flüssig geworden. Eine neue Initiative

kann deshalb an die Stelle der bisherigen immer wieder gescheiterten Versuche zur Rüstungsbeschränkung treten. Die Voraussetzungen einer solchen Initiative sind genannt worden: Die Sicherheit aller Nationen muß auf andere Weise als auf dem Wege der gegenseitigen nuklearen Abschreckung genügend gewahrt werden. Sie wurde einst auf dem Wege über die Weltsicherheitsorganisation, die Vereinten Nationen, gesucht. Deren Grenzen und Möglichkeiten sind heute bekannt. Sie kann Sicherheit nicht in genügendem Maße erzeugen. So muß Sicherheit mit neuen Maßnahmen, die alle auf die Wahrung des Gleichgewichts gerichtet sind, gesucht werden.

Es wurde schon betont, daß das Suchen nach einem anderen Weg viel Zeit beanspruchen wird. Einzelne Maßnahmen, wie sie von der Tagespolitik etwa gefordert werden – z. B. der Verzicht auf die Nachrüstung der NATO mit Marschflugkörpern –, wären, wahllos und einzeln vorweggenommen, nicht geeignet, eine wirkliche Lösung zu fördern. Hoffnung auf eine Lösung kann nur bestehen, wenn die Sicherheit aller Nationen gewahrt bleibt, wenn also ein zuverlässiges Gleichgewicht besteht. Deshalb kann im Stadium eines Übergangs, wie es hier vorgeschlagen wird, unter Umständen auch ein Schritt der Aufrüstung Voraussetzung einer späteren umfassenden Rüstungsbeschränkung sein. Er muß aber im Wissen um den Gesamtzusammenhang von Gleichgewicht und Sicherheit getan werden und in diesem Sinne der Gegenseite dargestellt werden.

Eine Vereinbarung der Weltmächte allein über den Abbau und schließlich die Abschaffung aller Nuklearwaffen würde andere Nationen nicht verpflichten. Damit ist die Möglichkeit immer noch vorhanden, daß sich kleine und kleinste Staaten eine nukleare Panoplie zulegen.

Viele Nationen befinden sich auf dem Wege dazu, und manche werden noch folgen. Die Nichtproliferationspolitik der Weltmächte, mit der sie das Monopol der Nuklearwaffen auf möglichst wenige Staaten beschränken wollten, ist gescheitert. Nicht weil die Nationen im Grunde nicht gerne auf die teure, gefährliche, zweischneidige und unberechenbare Waffe verzichten möchten, sondern weil die Weltmächte ihr im Nichtproliferationsvertrag (NPT) vom 1. Juli 1968 gegebenes Versprechen gebrochen haben,

> ». . . in redlicher Absicht Verhandlungen zu führen über wirksame Maßnahmen zur Beendigung des nuklearen Wettrüstens in naher Zukunft und zur nuklearen Abrüstung sowie über einen Vertrag zur allgemeinen und vollständigen Abrüstung unter strenger und wirksamer internationaler Kontrolle«.

Diese sind als SALT geführt worden. Aber geschah es in »redlicher Absicht«?

Käme es zu solchen Verhandlungen – wie sie versprochen sind – und zu solchen umfassenden Verpflichtungen, wäre die Versuchung auch für die kleineren Staaten, sich Nuklearwaffen zuzulegen, entschieden vermindert. In einer glücklichen Welt, in der die Versprechungen vom 1. Juli 1968 eingelöst wären, könnte es nicht ins Gewicht fallen, wenn irgendein Außenseiter in der Entwicklungswelt noch mit Atombomben spielen würde.

Wer den Vorschlag, die Abschaffung der Atomwaffen ernstlich in Angriff zu nehmen, als Utopie und wirklichkeitsfremde Spielerei zurückweist, muß zur Kenntnis nehmen, daß das Versprechen, es zu tun, in einem von über hundert Regierungen unterzeichneten und besiegelten Vertrag enthalten ist. Auch haben die Vereinten Nationen in ihren Organen neben allgemeinen Abrüstungsprogrammen immer wieder die Forderung nach der gänzlichen Abschaffung der Kernwaffen erhoben. Noch am 11. Dezember 1979 hat die Versammlung der UNO einstimmig bei Stimmenthaltung von China und Frankreich eine Resolution angenommen, nach der alle Explosionsversuche mit Kernwaffen für alle Zeiten verboten werden sollen, und das im Sinne eines ersten Schrittes in der Richtung auf nukleare Abrüstung.

Es muß auch immer wieder daran erinnert werden, daß die Verhinderung der Selbstverbrennung der Menschheit ein Ziel ist, groß genug, um tausend Einwände und Bedenken auf den zweiten Platz zu verweisen. Es wird hier kein utopisches Programm erfunden und entworfen. Aber es wird versucht, die Tatsachen zu zeichnen und den in der heutigen internationalen Lage gegebenen Ansatzpunkt zu zeigen, von dem das längst fällig Neue ausgehen kann.

NICHTATOMARE RÜSTUNGSBESCHRÄNKUNG

Zu den realistischen Antworten auf die Fragen, die sich stellen, wenn einmal erkannt wurde, wie unrealistisch das Sicherheitskonzept der Weltmächte ist, gehört neben den Vorschlag, die Nuklearrüstungen abzuschaffen, die Stärkung des nichtnuklearen Gleichgewichts. Ein Weg dazu, wenigstens für die entscheidende europäische Zentralfront, wurde hier skizziert. Ist es aber möglich, dieses Gleichgewicht zu stärken, ohne ein Wettrüsten auf konventioneller Ebene, das ja auch nicht erwünscht ist, auszulösen?

Zum konventionellen Gleichgewicht gehören in ihrer Defensiv- und Offensivkraft mehr oder weniger gleichartige Armeen, Luftwaffen und Flotten, wobei es weniger auf die absoluten Stärken als auf das ausgewogene Verhältnis zwischen ihnen ankommt. Wir haben hier, von der überlegenen Macht der Sowjetunion an der europäischen Zentralfront ausgehend, einer Massenarmee der NATO, die in der allgemeinen Wehrpflicht wurzelt und über große Reserven verfügt, sowie den dazu gehörenden Geländeverstärkungen das Wort geredet. Wie groß diese Streitkräfte sein müssen, hängt von der Stärke der Streitkräfte des Warschauer Paktes ab.

Es scheint heute nicht unmöglich, das Bemühen um die gegenseitige ausgewogene Herabsetzung der konventionellen Rüstungen neu zu beleben. Allerdings müßten sie aus der Zwangsjacke der in Wien seit bald zehn Jahren unter dem Symbol MBFR geführten Verhandlungen herausgelöst werden, die nicht »in ehrlicher Absicht« geführt werden und sich in Formalitäten verloren haben.

Die Spezialsession vom Frühjahr 1978 für Abrüstung der Generalversammlung der Vereinten Nationen stellte einen neuen Anlauf dar, für die Fragen der Rüstungsbeschränkung wieder allgemeines Interesse zu wecken. Natürlich kam in diesem Gremium zum Ausdruck, wie besessen die Staatsmänner der Vereinigten Staaten, der Sowjetunion, Großbritanniens und Frankreichs von der Macht ihrer Nuklearwaffen sind und wie ungern sie darauf verzichten möchten. Im Vordergrund stand bei ihnen das Interesse, andere vom Besitz von Nuklearwaffen auszuschließen, indem sie zum Beispiel überall, wo sie nicht sind, entnuklearisierte Zonen vorschrieben. Aber auch die Notwendigkeit konventioneller Rüstungsbeschränkung wurde anerkannt – vor allem natürlich für die anderen und besonders für die Entwicklungsländer.

Im Rahmen des Helsinki-Prozesses, in dem die Sicherheit Europas im Vordergrund steht, verschieben sich die Gewichte nun in der Richtung der konventionellen Rüstungen. Nach den auf der Nachfolgekonferenz in

Madrid gemachten Vorschlägen haben sich manche Regierungen davon überzeugt, es sei weniger nötig, sich mit dem absoluten Umfang der Rüstungen zu befassen als mit dem Gleichgewicht. In diesen Rahmen gehören die vertrauenbildenden Maßnahmen (CBM), die in vielen der gemachten Vorschläge gefordert wurden. Das weist in die erwünschte Richtung. Es ist auch erwünscht, wie es in Anträgen aus dem Ostblock geschah, nukleare und nichtnukleare Rüstungsbeschränkung und konventionelle Abrüstung im Zusammenhang zu behandeln. Dann sollte es möglich sein, jedem Abbau der Nuklearmacht eine ihn kompensierende Maßnahme, welche Vertrauen bildet und die Stabilität erhöht, gegenüberzustellen. Es sollte dabei nicht ausgeschlossen sein, unter Umständen auch an einer Stelle die konventionellen Kräfte zu verstärken statt abzubauen. Das Verfahren würde dann besser mit dem der englischen Sprache entnommenen Ausdruck »Rüstungskontrolle« statt »Rüstungsbeschränkung« bezeichnet, der rationales Manipulieren in absteigendem oder aufsteigendem Sinne meint.

VI
PROGNOSEN

DAS WIRKLICHE AUSMASS DER GEFAHR

Das bis jetzt letzte Ergebnis der Verhandlungen der beiden Supermächte über Rüstungsbeschränkungen, der SALT II genannte Vertrag, wird in seiner heutigen Form nicht in Kraft treten. Wir dürfen aber daran erinnern, daß die dort vereinbarten Grenzen zu weit gespannt sind, um das Wettrüsten wesentlich einzuschränken und um die Gesamtlage wesentlich zu beeinflussen. Jede Seite darf bis 1200 Fernlenkwaffen abschußbereit in Stellung haben, von denen jede bis zehn unabhängig programmierbare Wiedereintrittskörper, also Sprengköpfe, tragen darf. Wenn auch nur die Hälfte – quantitativ und qualitativ – dieser Möglichkeiten ausgeschöpft wird, verfügt jede Seite über 6000 sofort schußbereite Wiedereintrittskörper. In einem Schlagabtausch, der in erster Linie – wenigstens nach den heute bekannten strategischen Konzepten – der Zerstörung der gegnerischen Fernlenkwaffen gelten würde, könnten nie alle von ihnen außer Gefecht gesetzt werden. Selbst wenn zum Beispiel neun Zehntel der amerikanischen »Minuteman« vor dem Abschuß in ihren Stellungen zerstört würden, blieben immer noch in den verbleibenden Silos und in den Unterseekreuzern und in den in der Luft befindlichen Bombern Hunderte von Sprengköpfen, die gegen den Feind geschleudert werden können. Nach den heute vorliegenden Schätzungen wäre die Zahl der nach dem ersten »entwaffnenden« Schlagabtausch auf sowjetischer Seite verbleibenden Sprengköpfe noch größer als die auf amerikanischer Seite.

Übertragen in das Maß der Zerstörungskraft, die in Megatonnen ausgedrückt werden kann, würden nach einem erfolgreichen Lenkwaffenüberfall gegen das amerikanische Potential noch bedeutende Vergeltungskräfte übrigbleiben. In den an Land befindlichen »Minuteman«- und »Titan«-Stellungen wären es 1000 Megatonnen und auf den Unterseekreuzern noch einmal 300 Megatonnen. Dazu kämen dann noch einige Megatonnen an Bord der Bomberflotte. Nach den amerikanischen Voraussagen braucht es zur »sicheren« Zerstörung der Sowjetunion 400 Megatonnen.

Zwar ist man sich einig in der Auffassung über den allgemeinen Gang der Entwicklung auf diesem besonderen Gebiet der Strategie. Die Offensivkraft scheint rascher anzusteigen als die Defensivmöglichkeiten. Präzision und Sprengkraft der Missiles ist in einem Maß gesteigert worden, das die Abschußstellen als stark gefährdet erscheinen läßt. Die Mittel zur Entdeckung der Waffenstellungen und sogar von untergetauchten Lenkwaffenkreuzern werden ständig verbessert. Dagegen bleiben die Mittel der Raketenabwehr, ABM, hinter den Gefahren, denen sie begegnen sollen, weit zurück. Die Zahl der unverwundbaren Waffen nimmt ab. Im gesamten ist trotzdem anzunehmen, daß bis zum Ende des eben beginnenden Jahrzehnts die Gegenschlagkraft beider Weltmächte auch noch nach einem erfolgreich gegen sie geführten Feuerüberfall gewaltig sein wird.

Der große Nuklearkrieg zwischen den Weltmächten stellt sich also nach der heute geltenden Auffassung in einer ersten Phase als die gegenseitige Bekämpfung der

Fernlenkwaffenstellungen dar. Sie gelten als verwundbarer als noch vor kurzer Zeit. Viele aber werden, wie wir gesehen haben, der Zerstörung entgehen. Die ersten Schläge würden sich also nicht gezielt gegen die Bevölkerungszentren richten. Trotzdem würde ein solcher Schlagabtausch schwerste Menschenopfer fordern. Ein vorsichtiger und unabhängiger Beobachter, Nigel Calder, nennt in seinem 1979 erschienenen Buch »Nuclear Nightmares«, in dem er sich auf Mitteilungen des amerikanischen Verteidigungsministers James Schlesinger an den Senat stützt, eine Zahl von Toten in den Vereinigten Staaten von Amerika und in Kanada, die zwischen vier Millionen und siebzehn Millionen liegen würde. Der Abstand zwischen der tiefsten und der höchsten der genannten Zahlen zeigt, wie ungewiß alle Berechnungen und wie unwissend wir sind. Dabei ist bei den eben genannten Schätzungen nur die Rede von den unmittelbaren Schäden im Nahbereich der Explosionen und nicht von den Fern- und Dauerschäden, welche durch radioaktive Wolken und die lang dauernden Störungen in der Atmosphäre verursacht werden.

Es ist für das menschliche Vorstellungsvermögen schwer, sich vor Augen zu halten, was geschehen würde, wenn nach einem ersten Schlagabtausch nur zwischen Waffenstellungen, wie er eben erwähnt wurde, ein Vernichtungsfeldzug gegen die Bevölkerung folgt. Hier versagt die Phantasie des Nichteingeweihten, so wie sie vor den Zahlen und Zeiträumen der Größenordnung, mit denen die heutige Erforschung und Beschreibung des Weltraumes arbeitet, versagt. Gutdokumentierte Forscher nennen eine Zahl von über hundert Millionen Toten und von ebensoviel Schwerverletzten und Erkrankten nur für die nördliche hochentwickelte Welt. Wer sagt dir, daß du nicht zu den hundert Millionen gehören würdest?

Wir greifen uns an den Kopf, wenn wir uns vergegenwärtigen, wie Zehntausende von Menschen in Stellungen hoher Verantwortung solche Möglichkeiten ernsthaft in Betracht ziehen – in Betracht ziehen müssen. Gewiß glauben sie, nie zu erleben, wie das von ihnen Geplante Wirklichkeit wird. Die absurde Größe der Gefahr soll ja verhindern, daß es zur Katastrophe kommt. Aber der Auftrag der Planer ist, alle Vorbereitungen zu treffen und nach dem höchsten Stande der Forschung und Technik zu verfeinern, damit das Vernichtungswerk getan werden kann. Sie sind gewissenhaft und verstehen ihren Beruf. Alle ihre Waffen stehen bereit. Das gräßliche Werk kann heute beginnen.

Hier wird zielbewußt mit Ernst und Gründlichkeit gearbeitet. Täglich hören wir von neuen Verbesserungen und Erfolgen. In tiefstem Gegensatz dazu steht die Arbeit am Gegenstück zu diesen Planungen und Erfolgen, das Bemühen um die Rüstungsbeschränkungen. Es ist ein Bemühen ohne wirkliche Überzeugung. Denn jede heute als politisch möglich eingeschätzte Vereinbarung würde, das wissen alle Beteiligten, nur die oberste Spitze des Eisberges der Gefahren betreffen.

Der kundige Unterhändler weiß, daß er die Gefahren nicht wirklich vermindern, sondern nur kleine Schritte symbolischer Art vorschlagen kann, die vielleicht die Befürchtungen, die Ängste etwas vermindern. Er weiß, wie weit er von jedem wirklichen Schritt zu gegenseitiger Sicherheit entfernt ist, solange überhaupt Nuklearwaffen in den Arsenalen der Weltmächte sind. Vom völligen Verzicht auf diese Waffen zu sprechen erscheint aber als utopisch, als nicht ernsthaft.

Was ist denn ernsthaft? Über die Wirkung von Waffen zu reden, die zu gebrauchen ihre Schöpfer und Besitzer fast um jeden Preis vermeiden wollen? Oder über den einzigen Weg zu verhandeln, der den Gebrauch solcher Waffen mit völliger Sicherheit verhindern kann: sie gänzlich abzuschaffen.

DIE ZUKUNFT DES GLEICHGEWICHTS

Je mehr die Waagschalen – wenn wir nur die heutigen Supermächte betrachten – belastet sind, desto schwerer ist es, das Gleichgewicht zu stören. Wir könnten uns also mit der heutigen Lage zufriedengeben. Viele tun es. Aber diese Betrachtung rechnet nur mit dem Gleichgewicht der gegenseitigen Abschreckung auf der Ebene der Drohung mit Fernlenkwaffen gegen das Gebiet der Weltmächte selber.

Auf der Ebene der konventionell bewaffneten Armeen, auch sie mit Atommunition, die sich an der Zentralfront in Westeuropa gegenüberstehen und auch auf den Meeren, ist das Gleichgewicht ungewiß. Der Zustand kann durch technische Neuerungen, durch das Verlegen von Schwerpunkten oder das Bilden von neuen Schwerpunkten in der weiten Welt jederzeit verändert werden. Ob Gleichgewicht besteht oder nicht, ist zudem in diesem »konventionell« genannten Bereich schwerer zu beurteilen als auf dem Gebiet der nuklearen Bewaffnungen mit strategischer Reichweite, die bekannte zählbare und meßbare Größen sind.

Die Doktrin der NATO, die darin besteht, auf dem eigentlichen Kriegsschauplatz, auf dem erweiterten Gefechtsfeld, zu ihren taktischen und operativen Nuklearwaffen Zuflucht zu nehmen, wenn sie mit den konventionellen Mitteln einem Angriff nicht mehr standhalten kann, ist oft und feierlich verkündet worden. Der Einsatz von Atommunition wird also erfolgen, auch wenn der Angreifer noch keine solche verwendet hat. Die NATO will und kann auf den »Gebrauch als erster« nicht verzichten. Dem steht die ebenso bekannte Doktrin der Staaten des Warschauer Paktes gegenüber, die vorsieht, sofort mit gleichen Waffen zu antworten.

Der erste Atomschuß wird also den Feind nicht zum Ablassen vom Angriff, zum Zurückweichen veranlassen, sondern zu größerer Kraftentfaltung zwingen. Dann ist die Schwelle zum Nuklearkrieg überschritten. Vielleicht tritt dann doch der Augenblick ein, in dem entsetzt innegehalten wird. Das dürfte auf der westlichen Seite eher geschehen als auf der östlichen. Und es braucht zwei zum Innehalten und Zögern. Wahrscheinlicher ist, daß die nächste Stufe der Eskalation betreten wird, der dann weitere Stufen der schrecklichen Leiter folgen. Das nicht sichere Gleichgewicht auf tiefer Ebene bringt dann das Gleichgewicht auf hoher Ebene ins Schwanken.

Dürfen wir übrigens auf das nukleare Gleichgewicht auf hoher Ebene und seine abhaltende, abschreckende Wirkung so unbedingt vertrauen?

In früheren Abschnitten dieses Buches ist auf die Möglichkeit des technischen Versagens oder der Fehleinschätzung der Lage durch die Verantwortlichen hingewiesen worden. Gewiß liegt es im Interesse der Weltmächte, nicht blindlings einen Gegenschlag zu führen, wenn ein in seiner Bedeutung und Absicht nicht genau erkennbarer Angriff erfolgt ist. Die zehnfach gesicherte direkte Fernschreiberverbindung zwischen dem Kreml und dem Weißen Haus und dem Kreml und dem Elyseepalast in Paris sollte in solchen Fällen rasch Gewißheit vermitteln. Aber die Gefahr des Fehlurteils und des überstürzten Handelns besteht, besonders solange beide Seiten aus traditionellen und psychologischen Gründen immer noch die Notwendigkeit in den Vordergrund stellen, einen Nuklearangriff augenblicklich zu beantworten.

Trotz der zwar entfernten, aber doch nicht ganz auszuschließenden Gefahr der Fehleinschätzung, des Irrtums, des technischen oder auch menschlichen Versagens wollen wir dem strategischen Gleichgewicht an sich, dem Gleichgewicht der Fernlenkwaffen, eine massiv verankerte Stabilität zuerkennen. Die gleiche Stabilität besteht nicht, wie schon betont wurde, für die allgemein verwendbaren Kräfte, für die Flotten, die Land- und Luftstreitkräfte, die Streitkräfte des unterirdischen Krieges und die der stellvertretenden Armeen. Hier gibt es unendlich viele Berührungs- und Gefahrenpunkte.

Die Aufgabe ist also gestellt, in diesem weiten und schwer überblickbaren Feld der nichtnuklearen Konfrontation das Gleichgewicht zu stärken. Man muß nach Mitteln suchen, es mindestens so fest zu verankern wie das Gleichgewicht der schweren nuklearen Bewaffnungen.

Ist einmal das Gleichgewicht auf allen Ebenen besser gefestigt, besteht die ferne Möglichkeit, die Abschaffung der nuklearen Gefechtsfeldwaffen in Angriff zu nehmen. Das wäre die Voraussetzung für die Ausdehnung der Rüstungsbeschränkung auf alle Gebiete.

Wie man zum Abbau der Waffen des strategischen nuklearen Gleichgewichts kommen könnte, ist in den Abrüstungsverhandlungen der letzten Jahre ausführlich dargelegt worden. Es kann mit dem Verzicht auf Explosionsversuche unter der Erde beginnen, das heißt auf alle Explosionsversuche überhaupt. Der Verzicht auf Versuche mit Waffenträgern und Abschußplattformen kann folgen. Dann würden gewisse Fernlenkwaffen verboten und die Zahl der Wiedereintrittskörper vermindert. Diese müssen demontiert werden. Plutonium und Uran-235 wird dann frei zur Verarbeitung in Kernbrennstoff für Kraftwerke in der Alten, der Neuen und der dritten Welt. Dann würde die Untergangsangst, die im Menschen schlummert, auch wenn ihm die wirkliche Gefahr längst nicht mehr bewußt wird, erlöschen.

Ist das wohl völlig unrealistisch?

Man darf dies nicht behaupten, solange nicht ein wirklicher und ernsthafter Vorstoß in dieser Richtung unternommen worden ist. Solche Vorstöße sind bis jetzt nie weiter gelangt als zu der im Nichtweiterverbreitungsvertrag (NPT) von den Weltmächten ausdrücklich übernommenen Verpflichtung – zur Abschaffung der Kernwaffen.

NACH DER GRATWANDERUNG

Nach der Gratwanderung zwischen dem Inferno der Kriegsvorbereitungen und der Hoffnung, ein dritter Weltkrieg werde sich nicht ereignen, ist ein Blick in die Zukunft gestattet und möglich.

Trotz der Rivalität der vollgerüsteten Weltmächte ist der große Krieg vermeidbar. Der friedlose Friede ist in den vergangenen Jahrzehnten bis zum kalten Krieg gesteigert worden, und trotzdem ist der Schritt in den Abgrund nicht getan worden.

Warum?

Es gibt im Grunde keine Sachfrage, keine drängende Forderung politischer, wirtschaftlicher oder strategischer Art, die nach einer Befriedigung durch das Mittel des Krieges rufen würde – es sei denn das Programm der Errichtung der Weltherrschaft des Kommunismus. Der Wunsch zu seiner Verwirklichung mag in Moskau immer noch in den Büchern stehen. Aber der Wunsch steht hinter anderen Sorgen, der Sorge um die Sicherheit und die Macht Rußlands weit zurück und wird wohl noch während Jahrzehnten auf der Warteliste bleiben. Das verspricht im gefährlichsten Bereich eine lange Atempause. Diese Pause muß jetzt benützt werden, um das Hauptproblem der Weltsicherheit anzugehen. Wir haben es erkannt: es ist die Abschaffung der Nuklearwaffen und die neue Verankerung des Gleichgewichts in anderen Gründen.

China wird sich zum Rang der dritten Weltmacht emporarbeiten. Es kann nur auf Erfolg hoffen, wenn es ihm gelingt, einen großen Krieg zu vermeiden. Ein großer Krieg könnte China keinen Sieg und keinen dauernden Vorteil versprechen. Auch wenn er unentschieden ausgehen sollte, würde er das Reich der Mitte um Jahrzehnte zurückwerfen. China muß den Krieg meiden.

Die Entwicklungswelt trägt so viele ungelöste Fragen in sich, daß die Versuche kriegerischer Lösungen nicht ausbleiben können. Auch Nuklearwaffen werden in solchen Kämpfen eines Tages angewendet werden. Aber die Weltmächte werden in ihrer heutigen inneren und äußeren Lage von Problemen der Entwicklungsländer nicht so sehr berührt, daß sie sich zu einer kriegerischen Einmischung entschließen müßten. Sie werden dort Kriege – kleine, größere, vielleicht sogar nukleare – zulassen müssen. Sie werden sie einzudämmen suchen, aber sich nicht selber ins Getümmel stürzen. Eine Quelle des Weltkonflikts ist daher verschlossen.

Der tiefe Grund liegt in der veränderten weltwirtschaftlichen Entwicklung, die hier gezeichnet worden ist. Für ausfallende Rohstoffe, für ausfallende Märkte kann in einer groß produzierenden, groß konsumierenden und groß austauschenden Gesamtwelt leichter Ersatz gefunden werden als noch vor wenigen Jahrzehnten. Wirtschaftliche Prosperität also als Friedensgarantie! Politische Entscheidungen in der Entwicklungswelt, wie das Übertreten einer Nation in ein anderes Lager, ihr Ausscheiden aus einer Bündnisverpflichtung, die Bevorzugung einer Ideologie gegenüber einer anderen, werden morgen die in ihrer Macht ruhenden Weltmächte nicht mehr erschüttern. Sie können warten, bis das Pendel vielleicht wieder zurückschwingt.

Die islamischen Nationen und besonders diejenigen in ihrem Kernland im Mittleren Osten werden sich eines Tages zu einer weiteren Weltmacht ausformen. Aber ihr neues Reich wird noch später als China eine wirkliche Machtposition erringen, die sie zum Teilhaber des großen Gleichgewichts macht.

Es ist die industriell hochentwickelte Welt, die mit ihrem eigenen Schicksal das Schicksal des ganzen Erdballs in ihren Händen hält. Sie kann, wenn sie die Zeichen der Zeit richtig liest, klar erkennt und nach der Erkenntnis handelt, eine neue Atempause friedlosen Friedens, wie wir ihn erlebt und hier beschrieben haben, für sich gewinnen. Vielleicht wird sie gar nicht so friedlos sein wie die Zeit von 1947 bis 1962.

Wir müssen die eben hinter uns liegende Zeit mit der Gratwanderung zwischen Frieden und Krieg als einen Gang durch schwere Zeiten, fast so schwer wie eigentliche Kriegszeiten, begreifen. Die Völker und die Staaten, auch die Weltmächte, sind nach dieser Wanderung so erschöpft, wie sie nach einem eben bestandenen Krieg erschöpft sind. Der wirtschaftliche und technische Aufschwung hat den Zustand lange verschleiert. Er tritt heute offen zutage.

Niemand hat noch das Steuer fest in der Hand. Bezeichnend dafür ist der Stand der wirtschaftlichen Beziehungen zwischen Ost und West. Die Sowjetunion ist für ihre Lebensmittelversorgung auf Importe aus der freien Welt angewiesen. Dem einst an Agrarprodukten reichen Polen droht, wenn sich die Industrienationen des Westens nicht zu einer gemeinsamen Hilfe zusammenfinden, ein wirtschaftlicher Zusammenbruch. Die Industrieländer selber stehen ohne die Aufträge der nach Güter hungernden kommunistischen Länder vor schweren Problemen der Unterbeschäftigung. Einige haben blindlings ihre Industrie auf den Osthandel ausgerichtet, andere haben sich in die Abhängigkeit von Energielieferungen aus den Oststaaten begeben oder wollen es noch tun.

Kein politischer Gegensatz, keine ideologisch begründete Feindseligkeit, keine Einsicht in die Sicherheitsbedürfnisse auf lange Sicht verhindert, daß die gegenseitige Abhängigkeit stets enger geknüpft wird. In solchen Augenblicken wird es möglich, die gemeinsamen Interessen zu erkennen und zu nennen. Für alle wird es wichtig, sich von unerträglichen Bürden zu entlasten. Unter diesen Bürden können sich auch die Waffensysteme befinden, die unendlich kostspielig sind und deren Anwendung man fürchten muß. Es ist eine im Grunde neuartige Lage entstanden, und so kann auch ein neuer Anlauf, auf neuer Grundlage, zur Beseitigung der alle bedrohenden Gefahren versucht werden.

Hier ist indessen nicht von oberflächlicher Versöhnung zwischen Unversöhnlichen, von Luftgebilden wie »Entspannung« oder »Détente« die Rede. Es ist die Rede von einem fundamentalen Neubedenken in zwei sich feindlich gegenüberstehenden Welten. Die Sowjetunion ist genau wie die sogenannte »freie Welt« an einem schwierigen Punkte ihres Marsches in die Zukunft angelangt. Wirtschaftlich geht es nur schwierig voran. Die Militärmacht stößt an die Grenzen, die Nuklearkrieg bedeuten und die man nicht überschreiten möchte. Auch das Reich Moskaus leidet unter den politisch-moralischen Problemen, die den Westen heimsuchen. Der Westen auf seiner Seite ist auf seinem wirtschaftlichen und sozialen Fortschrittsweg so weit vorgedrungen, daß man plötzlich vor der Frage steht, welches die nächsten Schritte sein sollen. Von innen drohen Lähmungserscheinungen. Wille, Zutrauen und Zuversicht schwinden. Von außen drängen die Grenzen der weiteren Ausnützbarkeit der Gaben der Natur. Die Sicherheit stützt sich auf ein gefürchtetes, gräßliches und unannehmbares Instrument, auf die Drohung mit dem Nuklearkrieg.

In dieser Lage ist zu prüfen, ob auf der neuen Grundlage der beide Seiten bedrängenden Nöte einmal wirklich verhandelt werden könnte. Nicht über die Scheinformel der »Entspannung«, sondern über ein bestimmtes, greifbares und meßbares Projekt, nämlich die Beseitigung der Kernwaffen.

Voraussetzung ist, das Gleichgewicht auf allen denkbaren Ebenen zu wahren. Fällt die gegenseitige nukleare Abschreckung dahin, muß sie durch andere Mittel ersetzt werden. Das werden auf lange Zeit noch Mittel der militärischen Macht sein, jedoch konventionelle, nichtnukleare. Auch sie sind in ihrer Art schrecklich. Gemessen aber an der Gefahr der nuklearen Selbstverbrennung der Welt sind die in den anderen Mitteln eingeschlossenen Schrecknisse erträglich. Und wir können ja hoffen, daß spätere Generationen, wenn einmal der erste allerschwierigste, aber allernotwendigste Schritt in unserer Zeit getan werden sollte, nämlich der zur Beendigung des Zeitalters der Nuklearwaffen, den Schritt zur Abrüstung und zu einem dauernden Frieden versuchen werden. Ein solcher Schritt ist in der Weltgeschichte noch nie getan worden und noch nie möglich gewesen. Er war aber auch noch nie so nötig wie jetzt. Zwei Weltkriege liegen hinter uns, und dazu ein Menschenalter friedlosen Friedens. Die besondere Lage, der besondere Augenblick in der Geschichte, die besondere Not weisen den Weg zu einer noch nie dagewesenen Lösung.

Studien über die neuen Dimensionen der Sicherheitsbedürfnisse und neuen Aufgaben im Bewahren der Sicherheit, wie sie in dieser Zeit von den besten Denkern des Westens angestellt werden, sollten sich nicht darauf beschränken, die Verantwortung für Frieden und Krieg zwischen Nationen und Kontinenten hin und her zu schieben. So sehr wir uns um die Vervollkommnung der vorhandenen Mittel – politische und militärische – bemühen, kann mit diesen Mitteln die Lage nicht drastisch verbessert werden. Sie entsprechen der heutigen Wirklichkeit nicht mehr. Das Gleichgewicht der Macht muß auf einer nichtnuklearen Ebene stabilisiert werden, damit die Voraussetzung für den entscheidenden Schritt geschaffen ist: die Verminderung der Zahl und dann die Abschaffung der Nuklearwaffen.

Bis dann muß um jeden Preis das Gleichgewicht gewahrt bleiben. Dazu haben sich gerade die technisch am höchsten entwickelten Nationen zu großen Anstrengungen aufzuraffen. Es geht nicht mehr an, im Schatten der furchtbarsten Waffen zu ruhen und zu glauben, sie gäben uns Sicherheit. Es ist nur eine scheinbare Sicherheit, hinter welcher der Abgrund lauert. Das Maß wahrer Sicherheit ist Gleichgewicht auf allen Ebenen. Um es aufzubauen und zu wahren, muß auf ein Stück Wohlleben und Bequemlichkeit verzichtet werden. Ein hoher Preis für einen verwöhnten Teil der Menschheit. Ein geringer Preis, wenn man ihn vergleicht mit den Kosten einer nuklearen Weltkatastrophe. Sie muß und sie kann vermieden werden.

ANNEX
KRIEGSTECHNISCHE ASPEKTE DER ACHTZIGER JAHRE

EINE ÜBERSICHT

Nun soll eine kurze abschließende Übersicht über das, was man das Arsenal der achtziger Jahre nennen kann, gegeben werden. Sie erfolgt in der Form eines Überblicks über die materiellen Mittel moderner Machtzusammenballung und Machtentfaltung im Falle eines kriegerischen Zusammenstoßes.

Die früher übliche und auch heute noch von manchen gebrauchte Einteilung der Waffensysteme in »strategische« und »taktische« ist überholt. In der älteren Ausdrucksweise nannte man »strategisch« alle Waffensysteme, die mit Atomsprengköpfen ausgerüstet waren und große, meist interkontinentale Reichweiten überbrücken konnten. Es sind also die Waffen, die gegen das Kernland eines Feindes eingesetzt werden können, selbst wenn es weit entfernt liegt. Heute sind aber Mehrzweckträger verschiedener Reichweiten vorhanden, die sowohl nukleare wie nichtnukleare Sprengsätze tragen können. Auch sind die Entfernungsgrenzen der ursprünglich für den Gebrauch auf dem Gefechtsfeld entwickelten Systeme so weit gesteckt, daß viele Waffen sowohl im taktischen, im operativen wie im strategischen Rahmen wirken können. Für solche Waffen wird gelegentlich die Bezeichnung »eurostrategisch« gebraucht, weil sie die Hinterländer jenseits der eigentlichen Kontakt- und Kampfzone treffen können.

Die größte Schußdistanz der sowjetischen SS-23 beträgt 190 bis 350 Kilometer, die der amerikanischen Pershing 160 bis 720 Kilometer. Derartige Missiles können also, obwohl schon über kurze Distanzen wie etwa 150 Kilometer brauchbar, auch für Entfernungen wie etwa diejenige zwischen Warschau und Berlin verwendet werden. Sie reichen also unter Umständen weit über das Frontgebiet ins Hinterland. Noch mehr trifft das für die Flugzeuge zu. So verfügen die für den Erdkampf auf kurze Distanz ausgelegten sowjetischen Jagdbomber MiG-27 zum Beispiel über einen Wirkungsradius zwischen 1100 und 1400 Kilometern. Das entsprechende amerikanische Flugzeug F-4 hat einen Wirkungsradius von 2200 Kilometern. Nicht zu reden ist von den Mittelstreckenbombern, die durchaus im engen taktischen Rahmen gebraucht werden, dabei aber über maximale Reichweiten von 8000 Kilometern verfügen wie der sowjetische Backfire-Bomber oder 4700 Kilometer wie die amerikanische F-111. Das erklärt auch die Schwierigkeiten, die sich bei der Einbeziehung solcher Flugzeuge in die Verhandlungen über Rüstungsbeschränkungen ergeben.

Um die nötige Übersicht über die heutige Kriegstechnik zu gewinnen, ist eine klare Einteilung der Systeme erforderlich. Solche Systeme sind die eigentlichen Waffen, die Zerstörungsmittel ans Ziel befördern wie Lenkwaffen, Gewehre, Geschütze, dann die Abschußbasen oder Plattformen wie Panzer, Schiffe, Flugzeuge oder die Abschußvorrichtungen für Fernwaffen, weiter die Zerstörungsmittel, also die aktiven Teile aller Geschosse, und schließlich die unkonventionellen und die C3-Systeme.

Die Missiles. Sie sind die Waffe des weltstrategischen Gleichgewichts der nuklearen Abschreckung, des Nuklearkriegs, wenn Abschreckung versagt, kurzum alles dessen, was die moderne Machtpolitik am tiefsten prägt. Hier sollen aus der großen Zahl der vorhandenen Systeme nur die wichtigsten und modernsten erwähnt werden. Alle beschriebenen Systeme gründen auf dem Prinzip der Rakete, die, mit festem oder flüssigem Treibstoff auf eine ballistische Flugbahn gebracht, einen Wiedereintrittskörper in die Stratosphäre trägt, aus der er in freiem, aber gelenktem Flug auf das Ziel niederstürzt.

Im Arsenal der Vereinigten Staaten von Amerika ist unter den an Land aufgestellten Interkontinentalmissiles (ICBM) vor allem die Minuteman 3 zu nennen mit einer Reichweite von 13 000 Kilometern, also einem Drittel des Erdumfangs. Das bedeutet, daß von den kontinentalen Vereinigten Staaten aus jeder Punkt in der Sowjetunion erreicht werden kann. Der Wiedereintrittskörper, das heißt der Teil der Lenkwaffe, der nach dem Zurücklegen seiner Flugbahn außerhalb der Atmosphäre wieder in die Erdatmosphäre zurückkehrt, wiegt nur etwa 600 Kilogramm. Er enthält drei unabhängig voneinander gelenkte und programmierte, auf ein bestimmtes Ziel gerichtete Sprengköpfe (MIRV) mit einer Sprengwirkung von je etwa 200 Kilotonnen, also einem Explosionseffekt, der dem von 200 000 Tonnen konventionellen Sprengstoffs TNT entspricht. Die drei Sprengköpfe sind in einem Träger untergebracht, der als »Omnibus« bezeichnet wird und der so gelenkt wird, daß er nacheinander die Kriegsköpfe in die verschiedenen vorbestimmten Richtungen auf die drei vorausgewählten Ziele entläßt.

Die Minuteman-Missiles stehen in unterirdischen

senkrechten Abschußrohren oder Silos bereit, die mit Panzerdeckeln verschlossen sind. Da solche Silos durch den Einschlag eines Nukleargeschosses hoher Sprengkraft in der Nähe zerstört oder doch in ihrem Funktionieren beeinträchtigt werden können, sind gegenwärtig Verfahren in Vorbereitung, die diese Gefahr vermindern sollen. Es werden Ringstraßen gebaut, an deren Rand die Missiles an Dutzenden von verschiedenen Stellen abschußbereit gemacht werden können, ohne daß der Gegner wissen kann, auf welcher der Abschußplattformen gerade eine Minuteman steht und welche leer sind.

Unter den Interkontinentalmissiles der Sowjetunion entspricht der Minuteman am ehesten die SS-11 mit 11 000 Kilometern Reichweite und drei unabhängig lenkbaren Sprengköpfen (MIRV) von bis zu 300 Kilotonnen Sprengkraft. Um die Missiles gegen Atombeschuß möglichst unverletzlich zu machen, wird in der Sowjetunion entweder die unterirdische betonierte Aufstellung gewählt oder aber die schnelle Beweglichkeit auf schweren Transportfahrzeugen, die gleichzeitig als Abschußplattformen dienen.

Neben diesen in großer Zahl vorhandenen ICBM verfügen die Weltmächte noch über eine Anzahl eigentlicher Kolosse. In den Vereinigten Staaten von Amerika ist das die Titan 2 mit einem Wiedereintrittskörper von 3,5 Tonnen Gewicht und einer Sprengkraft von 9 Megatonnen – also neun Millionen Tonnen konventionellen Sprengstoffs. Die Sowjetunion hat dieser unvorstellbaren Waffe einen Giganten, die SS-18, entgegenzusetzen mit einem Geschoßgewicht von 9 Tonnen und einem Sprengkopf von etwa 20 Megatonnen. Dieser Kriegskopf kann auch in acht unabhängige Sprengköpfe (MIRV) von je 2 Megatonnen aufgeteilt werden. Ziel dieser Riesenwaffe ist die

Zerstörung einer ganzen Gruppe von unterirdischen Abschußanlagen des Feindes für Interkontinentalmissiles mit einem einzigen Schlag.

Da alle an Land in Stellung gebrachten Interkontinentalmissiles, ob sie nun in befestigten Silos oder wie im Falle der sowjetischen Bewaffnung zum Teil beweglich sind, als verletzlich gelten, erlangen die von Unterseekreuzern im untergetauchten Zustand abzuschießenden Lenkwaffen, die SLBM, eine immer größere Bedeutung. Im Arsenal der amerikanischen Flotte ist die Hauptwaffe heute die Poseidon C3 mit einer Reichweite von 4600 Kilometern und einer Endstufe von etwa einer Tonne Gewicht, die auf ihrem Sturzflug zehn unabhängig lenkbare Wiedereintrittskörper von je 50 Kilotonnen Sprengkraft ausstreuen kann. Die modernere Trident C4, die erst in kleiner Zahl vorhanden ist, kann Distanzen bis zu 7500 Kilometer erreichen und acht unabhängige Wiedereintrittskörper von je 100 Kilotonnen Sprengwirkung auf verschiedene Ziele mit großer Genauigkeit entlassen. Auf der Seite der Sowjetunion entspricht diesem SLBM etwa die SS-N-18 mit einer etwas besseren Reichweite und mit drei Wiedereintrittskörpern von bis zu je 2 Megatonnen Sprengkraft.

Die Mittelstreckenmissiles sind bereits kurz erwähnt worden. Neben diese treten die von Flugzeugen abzuschießenden Lenkwaffen, die für Schußdistanzen bis zu einigen hundert Kilometern ausgelegt sind und Sprengköpfe von Kilotonnengröße tragen.

Verschieden von den ballistischen Flugkörpern ist das heute mit Spannung erwartete Cruise-Missile, der Marschflugkörper. Bei den Flotten befindet er sich für die taktischen Aufgaben des Seekrieges seit Jahren. Er ist im Grunde ein unbemanntes Flugzeug mit Raketenantrieb ähnlich der 1944 von den Deutschen gegen England verwendeten V 1. Der Fortschritt gegenüber jenem wenig wirksamen und leicht zu bekämpfenden Gerät ist die große Geschwindigkeit, die sich der Schallgeschwindigkeit annähert, und die verfeinerte Lenkung. Der Marschflugkörper kann mit Hilfe eines eingebauten Lenkungssystems mit großer Genauigkeit einen vorausbestimmten Kurs fliegen und auf Entfernungen von mehreren hundert Kilometern ein Ziel von wenigen Quadratmetern Größe treffen. Eine Besonderheit ist das Dahinziehen solcher Flugkörper in nur wenigen Metern Höhe über dem Erdboden, wobei sie Hindernisse selber »erkennen« und ihnen ausweichen. Sie sind deshalb vom Radar der Fliegerabwehr nicht oder kaum zu erfassen und deshalb außerordentlich schwer zu bekämpfen.

Der Marschflugkörper wird 1982 in Amerika fertig einsatzbereit sein. Auch die Sowjetunion wird mit einem auf dem gleichen Prinzip beruhenden Waffensystem antreten können, da sie seit Jahren in der Verwendung von Cruise-Missiles bei der Flotte gegen Seeziele führend ist. Die heutige Entwicklung für den Gebrauch über Landflächen faßt zwei Verwendungsmöglichkeiten ins Auge. Vor allem wird an eine neue wirkungsvolle Waffe für das erweiterte Gefechts- und Operationsfeld gedacht, die sowohl konventionelle wie nukleare Munition tragen kann. Dann aber wird der Marschflugkörper auch zur Teilnahme am strategischen Nuklearkrieg über große Distanzen gegen Machtzentren des Feindes ausgebaut werden können. Wegen seiner großen Treffgenauigkeit ist er besonders geeignet zur Bekämpfung von Waffenstellungen und Kommandozentralen. Er wird in den kommenden Jahren als eine »eurostrategische« Waffe im Vordergrund des Interesses und auch der politischen Auseinandersetzung stehen.

Geschütze und Gewehre, die Stammväter der Feuerwaffen,

schienen an einem Endpunkt ihrer jahrhundertelangen Entwicklung angelangt. Nun sind auch sie in den Sog neuester technischer Möglichkeiten geraten.

Am Ende des Ersten Weltkriegs sagte der französische General Frédéric-Georges Herr dem Selbstfahrgeschütz als Hauptwaffe der Artillerie eine große Zukunft voraus. Mit fünfzigjähriger Verspätung hat sich seine Prophezeiung verwirklicht. Als Panzerkanone, Panzerhaubitze und Panzerjäger verdrängt das Selbstfahrgeschütz die von Motorfahrzeugen gezogenen Waffen. Allgemein sind die Kaliber der Feldartillerie vergrößert worden. Kaliber unter 105 Millimeter sind nicht mehr anzutreffen. Bei der Bewaffnung der Panzerkampfwagen treten an Stelle der gebräuchlichen gezogenen Geschützrohre nun auch glatte Rohre auf, wobei die Geschosse durch Flügel stabilisiert werden.

Als Weiter- und Sonderentwicklung des Geschützes taucht am Horizont eine Abschußvorrichtung auf, bei der ein elektromagnetisches Feld, auch in Verbindung mit chemischen Treibladungen, dem Geschoß eine Anfangsgeschwindigkeit verleiht, die alles übertreffen wird, was bisher erreicht worden ist.

In der persönlichen Bewaffnung des Soldaten haben das automatische Gewehr und die Maschinenpistole alle früheren Gewehre verdrängt. Der sich daraus ergebende enorme Munitionsverbrauch hat fast sämtliche Armeen bewogen, nach amerikanischem Vorbild zu kleineren Kalibern unter sechs Millimetern überzugehen. Damit ist Gewicht zu sparen. Eine weitere Begründung für das Kleinkaliber liegt darin, daß man sich heute vorstellt, die Infanterie werde den Kampf über die weiteren Entfernungen nicht mehr mit Gewehr und Maschinengewehr führen, sondern mit anderen, dafür besser geeigneten Waffen. Ganz allgemein wird dann die persönliche Waffe nur auf Distanzen bis zu etwa 400 Metern gebraucht. Endlich scheint sich auch in den verschiedenen Allianzen eine Vereinheitlichung, die Einigung auf ein einziges Kaliber, durchzusetzen.

ABSCHUSSPLATTFORMEN

Die moderne Kriegstechnik ist durch das große Angebot von beweglichen Plattformen gekennzeichnet, die den Waffensystemen als Abschußbasis dienen. Bis zum Beginn unseres Jahrhunderts waren nur Schiffe und Festungswerke als besondere Plattformen für Waffen vorhanden, als künstlich errichtete Zwischenträger zwischen Waffen und einer natürlichen Grundlage. Seit 1914 sind die Flugzeuge und die motorisch angetriebenen Fahrzeuge dazugekommen.

Flugzeuge. Aus der unabsehbar großen Zahl der Typen von Luftfahrzeugen, die für kriegerische Zwecke gebaut werden, haben sich im Laufe der letzten Jahre wenige herausgeschält, die das Bild beherrschen. Viele von ihnen sind schon älteren Datums; manche stammen aus den sechziger Jahren. Es ist aber gewiß, daß gerade sie, weil in sehr großen Zahlen vorhanden, gut gebaut und außerordentlich leistungsfähig, in einem großen Konflikt die Hauptlast der Kämpfe übernehmen würden.

Unter den schweren Bombern mit interkontinentaler Reichweite sind unter diesen Veteranen zu nennen: In der Sowjetunion die Tu-95 mit dem NATO-Spitznamen Bear, die eine Reichweite von 12 000 Kilometern aufweist und eine Waffenzuladung von 18 Tonnen trägt. In den Vereinigten Staaten ist es die berühmte B-52 G mit ähnlicher Reichweite, aber schneller als der Bear und einer Zuladung von 30 Tonnen. Die Mittelstreckenbomber sind bei der Sowjetluftflotte die Tu-22 Backfire, modern, mit mehr als doppelter Schallgeschwindigkeit, 8000 Kilometern Reichweite und einer Tragfähigkeit von 8 Tonnen, bei der amerikanischen Luftwaffe die FB-111 A mit gleich großer Geschwindigkeit, aber nur halb so großer Reichweite, dafür mit einer doppelt so großen Zuladung.

Unter den Jagdbombern beherrscht in der Sowjetunion und bei ihren Verbündeten immer noch die MiG-27 das Feld mit fast doppelter Schallgeschwindigkeit und einer Zuladung von 4 Tonnen, bei den Amerikanern und einigen Mitgliedern der NATO die F-4 Phantom, die mehr als doppelte Schallgeschwindigkeit erreicht und 7 Tonnen zu tragen vermag.

Eine überaus wichtige Rolle würde in einem kommenden Krieg dem Helikopter zufallen. Der Helikopter kann der vertikalen Umgehung des Feindes dienen, der schnellen Besetzung wichtiger Geländepunkte, dem Transport von Munition, als Plattform für schwere panzerbrechende Waffen und als Ambulanzflugzeug zur Rettung von Verwundeten. Heute sind weit über ein halbes Hundert verschiedener Typen bei den Streitkräften aller Nationen im Gebrauch. Die Gewichte im beladenen Zustand liegen dabei zwischen so extremen Grenzen wie 1,5 Tonnen bei den kleinsten der amerikanischen Konstruktionen (Bell, Hiller, Sikorsky) und 43 Tonnen beim sowjetischen Mi-10. Schwere Helikopter können bis 60 Soldaten mit voller Ausrüstung transportieren. Unter den neueren Kampfhelikoptern befinden sich solche mit der Feuerkraft – während Sekunden – fast eines Artillerieregiments. So der sowjetische Mi-24, der, etwa 10 Tonnen schwer, 128 kleine Raketen vom Kaliber 57 Millimeter trägt, oder der amerikanische AH-64 A, 8 Tonnen schwer, mit einem 30-mm-Geschütz und 78 Raketen vom Kaliber 81 Millimeter.

Die Übersicht zeigt schon, daß ein absolut überlegenes

Flugzeug nicht existiert; eine Vergrößerung von Reichweite und Geschwindigkeit muß immer mit der Verminderung der Waffenzuladung erkauft werden.

Die Zahlen der vorhandenen Flugzeuge sind, wenn man die einzelnen Typen betrachtet, bei weitem nicht so groß, wie es sich der Uneingeweihte oft vorstellt. Eine Folge der verhältnismäßig geringen Zahl von Einheiten eines bestimmten Typs, die in wirklich aktionsbereitem Zustand bei den Luftflotten stehen, und zwar auch bei den Weltmächten, ist die Erwartung, ein Krieg von etwas längerer Dauer würde die Luftflotten in einem Maße verbrauchen, daß der Luftkrieg in den zweiten Rang zurücktreten müßte.

Panzer. Die Berichte über den starken Ausbau der Panzerabwehr und die Nachrichten über deren Erfolge in den Kriegen im Mittleren Osten widerlegen in keiner Weise die Wahrheit, daß der Panzerkampfwagen der wichtigste Waffenträger im Landkrieg ist. So wie ein Seekrieg ohne Schiffe ist ein Landkrieg ohne gepanzerte Fahrzeuge undenkbar.

Der Panzer trägt seine große Feuerkraft in die Nähe des Gegners. Ohne das Dazwischentreten einer großen Beobachtungs- und Übermittlungsorganisation nimmt er das Ziel unter Feuer. Er bietet seiner Besatzung Deckung gegen Gewehr- und Geschützfeuer und gegen Radioaktivität und ist während einer gewissen Zeit eine völlig autonome Einheit. Außer dem Maschinengewehr hat in der ganzen Kriegsgeschichte kein anderes Waffensystem das Bild der Kampfführung so sehr verändert. 1914 war das Auftreten des Maschinengewehrs bestimmend für den Beginn des langjährigen Stellungskriegs. 1939 war es der Panzer, der die Kriegführung der weiträumigen Bewegung brachte.

Gegen den Panzerkampfwagen sind wie gegen jedes

neue Waffensystem Gegensysteme entstanden, die wirkungsvoll und ernst zu nehmen sind. Die Vielseitigkeit, Beweglichkeit, technische Verbesserungsfähigkeit und die Möglichkeit, sich elastisch neuen Verhältnissen anzupassen, Qualitäten, die im Panzer gewissermaßen eingebaut sind, lassen an einen dauernden Vorsprung vor den Mitteln der Abwehr denken.

Unter den etwa dreißig Modellen von Panzern, die in den verschiedenen Armeen der Welt im Dienst stehen, sind es nur wenige, die in einem Kriege dann tatsächlich eine Rolle spielen würden. Dies sind die sowjetischen Typen T 54 bis T 72 in verschiedenen Ausfertigungen mit Kanonen von Kalibern bis 125 Millimetern, die amerikanischen Modelle M-48 bis M-60 mit Kanonen von 90 bis 152 Millimeter Kaliber und Raketenwerfern, die verschiedenen Typen der britischen Centurion und Chieftain (105- und 120-Millimeter-Geschütze), der deutsche Leopard mit seinem 105-Millimeter-Geschütz oder auch einer schwereren Bewaffnung und der französische AMX-30 (105 mm). Alle diese Systeme werden weiterentwickelt. Nachfolger mit verbesserter Panzerung und gesteigerter Feuerkraft sind in den verschiedenen Stadien des Werdens oder werden schon erprobt. Am weitesten fortgeschritten ist der sowjetische T 80.

In einem Konflikt in den achtziger Jahren würden aber – es ist hier ähnlich wie bei den Flugzeugen – die bekannten Modelle, von denen insgesamt etwa 75 000 Stück vorhanden sind, die Hauptlast der Auseinandersetzung tragen. Die Munition wird allerdings neuester Art sein. Pfeilgeschosse und andere unkonventionelle Projektile befinden sich in geradezu stürmischer Entwicklung.

Der Panzer als schnell bewegliche Artillerie kann keine Entscheidung herbeiführen ohne die Unterstützung der Infanterie, die Geländeabschnitte und entscheidende

Punkte erobert und besetzt und nachhaltig verteidigen kann und die den Panzer gegen gewisse seiner Feinde schützen soll. Um dem Panzer zu folgen, muß ein Teil der Infanterie über gepanzerte Mannschaftstransportfahrzeuge verfügen, die mindestens so beweglich sind wie die Panzer selbst. Mehr und mehr werden diese Schützenpanzer mit eigener Feuerkraft ausgestattet. Im Durchschnitt ist die Zahl solcher Fahrzeuge bei den meisten Armeen etwas größer als die der Kampfpanzer.

Die Kriegsschiffe gehören heute nach ihrer Aufgabe zu zwei grundverschiedenen Kategorien. Die eine ist die der für die Teilnahme am »strategischen Krieg«, also an den Operationen der Nuklearstrategie ausgelegten Schiffe. Sie erfüllt also keine eigentliche Aufgabe des Seekriegs. Die andere umfaßt die Schiffe, die den Seekrieg im weitesten Sinn zu führen haben. Ihre Aufgabe umfaßt so verschiedene Probleme wie die Bekämpfung anderer Kriegsschiffe, das Aufspüren und Zerstören der mit Missiles bewaffneten Unterseekreuzer, die Abwehr von Flugzeugen, die Unterstützung von Operationen an Land, die Beherrschung der Seewege, Blockade und Handelskrieg.

Die Waffen der Nuklearstrategie, also des Ringens um Gleichgewicht und Abschreckung, sind als verletzlich erkannt worden, soweit sie an Land – beweglich oder in befestigten Abschußstellungen – bereitgehalten werden. Die Vereinigten Staaten von Amerika haben es deshalb schon in den fünfziger Jahren unternommen, einen Teil ihrer mit Nuklearantrieb versehenen Unterseekreuzer als Träger ballistischer Fernwaffen, die unter dem Meeresspiegel abgeschossen werden können, auszubauen. Die ersten dieser Fahrzeuge mit der entsprechenden Bewaffnung an SLBM standen 1961 im Dienst. Damit war ein nach menschlichem Ermessen unverletzliches Waffensystem geschaffen, das im Gleichgewicht der strategischen Vergeltung eine große Rolle zu spielen berufen war. Fasziniert von den Möglichkeiten, welche die Weite des Meeres für die Aufstellung von ballistischen Fernwaffen bot, entwickelten die Amerikaner in den folgenden Jahren Pläne für als Handelsschiffe getarnte Fernlenkwaffenträger, eine MLF für die NATO, die aber nie das Stadium des Diskutierens und Experimentierens überschritt und nie auf den Meeren kreuzte.

Um die Bedeutung der Unterwasser-Nuklearkriegsflotten anzudeuten seien hier nur die Unterseekreuzer mit Nuklearantrieb, die Missiles aus der Meerestiefe abfeuern können, genannt. Die Sowjetunion verfügt über deren 65, Frankreich und Großbritannien je über 4, die Vereinigten Staaten über 43.

Zu den Schiffen der eigentlichen Seekriegführung gehören sowohl die Untersee- wie die Oberflächenschiffe. Die Unterseekreuzer sind mit den traditionellen Torpedos, aber auch mit exotischen Waffen bewaffnet. Die Torpedos werden heute mit Fernlenkung und autonomen Zielsuchvorrichtungen ausgerüstet. Zu den exotischen Bewaffnungen gehören Marschflugkörper oder Minen verschiedenster Art. Meistens sind es gesteuerte Minen, die auf dem Meeresgrund oder sonst in der Tiefe warten, bis sich ein Ziel nähert, das sie dann selbsttätig aufsuchen und zerstören. Bei den Unterwasserschiffen wird der konventionelle dieselelektrische Antrieb neben dem Nuklearantrieb weiter verwendet.

Die Sowjetunion verfügt über 90 Unterseeschiffe der allgemeinen Seekriegführung – also ohne die 65 Unterseekreuzer für Fernlenkwaffen – mit Nuklearantrieb und 150 mit Dieselmotoren. Die Vereinigten Staaten dagegen haben – ohne die 43 Unterseekreuzer für Fernlenkwaffen – 74 Unterwasserzerstörer (Attack Submarines) mit

Atomantrieb gebaut und nur noch 7 mit Dieselmotoren im Dienst. Sie dürften in den nächsten Jahren verschwinden.

Bei den Überwasserschiffen beginnen die kleineren Einheiten mit großer konzentrierter Feuerkraft, immer breiteren Raum einzunehmen. Die kleinsten der modernen Kriegsschiffe verdrängen, vollbeladen und ausgerüstet, zwischen 150 und 400 Tonnen. Große Maschinenleistungen, geliefert von Dieselmotoren oder Gasturbinen oder abwechselnd dem einen oder dem anderen, von meist über 10 000 PS verleihen ihnen Geschwindigkeiten von über 35 Knoten (63 km/h).

Alle diese Schiffe tragen heute Lenkwaffen, Marschflugkörper, Raketen und Fliegerabwehrkanonen. Die Bewaffnung wird immer häufiger in einem Baukastensystem hergestellt. So können kompakte Container mit Waffe, Munition und Richtvorrichtungen auf Schiffen verschiedenster Größe und verschiedensten Typs aufgebaut werden. Es muß also nicht mehr unbedingt ein bestimmter Schiffstyp für ein bestimmtes Waffensystem und ein bestimmtes Waffensystem für einen gewissen Schiffstyp entwickelt werden. Die verschiedensten Kombinationen sind möglich. Für die Besatzungen solcher Schiffe, die etwa 20 bis 30 Mann stark zu sein pflegen, sind nur wenig Lebensraum und geringster Komfort eingeplant. Diese Schiffe müssen also in Küstennähe operieren oder von Tendern aus versorgt werden.

Die beträchtliche Feuerkraft dieser kleinen Fahrzeuge macht sie zu sehr gefährlichen Gegnern großer Einheiten. Trotzdem halten die Vereinigten Staaten von Amerika an ihren großen Flugzeugträgern – es sind drei von 90 000 Tonnen und elf um etwa 70 000 Tonnen vorhanden – fest. Auch die Sowjetunion hat sich in letzter Zeit zum Bau großer Flugzeugträger entschlossen. Bald wird sie über deren vier von je 40 000 Tonnen Wasserverdrängung verfügen. Dazu kommen besonders als Helikopterträger gebaute Schiffe. Ferner werden Kreuzer in der Größenordnung von 10 000 bis 30 000 Tonnen, besonders zur Unterseebootabwehr ausgerüstet, immer noch als notwendig betrachtet. Die schwere Bewaffnung mit Geschützen ist dabei durch die leichteren Lenkwaffen ersetzt, was Raum schafft für eine starke Abwehrbewaffnung gegen Flugzeuge und Missiles und für den heute nötigen umfangreichen elektronischen Überwachungs- und Übermittlungsapparat.

In den Vereinigten Staaten wird sogar geplant, einige von den älteren Schlachtschiffen als Basen für Marschflugkörper umzubauen und wieder in Dienst zu stellen. Sie könnten dann bis 300 dieser Lenkwaffen mit Reichweiten von über 2000 Kilometern aufnehmen.

Zwischen dem Verlegen des Schwergewichts auf kleinere, wenig verletzliche, aber stark bewaffnete Überwasserschiffe und dem Weiterbestehen und Weiterbauen von Flugzeugträgern und Kreuzern scheint ein Widerspruch zu bestehen. Er ist indessen nur scheinbar. Die Flotten der Welt- und Großmächte wollen in der Lage sein, im weltstrategischen Spiel überall auf der Welt Macht zu entfalten, darzustellen und im Notfall zu gebrauchen. Dazu müssen sie möglichst unabhängig von Häfen und Landstützpunkten sein. Sie müssen über ein Mindestmaß von eigener Luftmacht gebieten. Dazu sind Flugzeugträger nötig. Sie dienen auch, ähnlich wie die Kreuzer, als Mittelpunkte der Verbände moderner kleiner Einheiten.

Die großen Schiffe sind die Zentralen der elektronischen Kriegführung, die beweglichen Stützpunkte für C3. Flugzeugträger mit Nuklearantrieb, die ja keinen Volumen beanspruchenden Treibstoff für den eigenen Verbrauch mitführen müssen, sind riesige schwimmende Treibstoff- und Munitionsdepots, aus denen die kleineren Schiffe sich versorgen. Und schließlich fällt den großen Fahrzeugen in der Strategie der psychologischen Kriegführung eine Rolle zu. Das Auftauchen eines Flugzeugträgers mit einem ihn begleitenden Lenkwaffenkreuzer und einem Schwarm von Zerstörern, Fregatten, Korvetten und Motortorpedobooten vor einem Hafen wird seinen Eindruck nie verfehlen.

Die Zahl der Kreuzer und kreuzerähnlichen Schiffe beträgt bei der Sowjetunion 40, bei den Vereinigten Staaten 25. Die Zerstörer, die früher zu der Kategorie der leichten Schiffe gehörten, sind heute dank ihrer Feuerkraft und elektronischen Ausrüstung den Kreuzern ähnlich geworden. Die Flotte der Sowjetunion zählt heute 75 Zerstörer, von denen die Hälfte Geschütze, die Hälfte Marschflugkörper trägt. Die amerikanische Flotte verfügt über 80 Zerstörer, die auch zur Hälfte mit Geschützen bewaffnet sind. Die britische Flotte steuert 12 Zerstörer, die französische 20 und die der Bundesrepublik Deutschland 10 zu den Seestreitkräften der NATO bei.

Entsprechend dem Auftrag, amphibische Operationen an fernen Küsten ausführen zu können, haben sich die Flotten beträchtliche Bestände an Landungsschiffen aller Arten zugelegt. Sie sind in der Regel darauf spezialisiert, entweder Infanterie oder Panzer oder andere Fahrzeuge oder Container mit Versorgungsgütern an Land zu setzen. Im Bereich zwischen 10 000 Tonnen und 4000 Tonnen verfügen die Sowjetunion und die anderen Staaten des Warschauer Paktes über 21 Schiffe dieser Art. Die Mitglieder der NATO haben deren 66.

Besondere Abschußplattformen für ICBM. Die klassische Abschußplattform für interkontinentale ballistische Flugkörper ist heute noch entweder der unterirdische Silo oder das Unterseeboot. Daneben sind mehrere andere Systeme entweder schon eingeführt oder in Erprobung.

Die Sowjetunion stützt sich auf befestigte unterirdische Silos und auf eine große Zahl völlig ungeschützter Interkontinentalmissiles, die sich durch ihre Beweglichkeit der Beobachtung und Zerstörung zu entziehen suchen. Sie können entweder auf Straßenfahrzeugen, auf Flußkähnen oder Eisenbahnzügen durch die unendlichen Weiten der Sowjetunion verschoben werden. Die Amerikaner haben eine andere Lösung gewählt. Die kommende Generation der Interkontinentalmissiles, die MX, wird auf besonderen Transportfahrzeugen installiert, die zugleich als Abschußplattform dienen. Diese können sich auf besonders für sie angelegten, 46 Kilometer langen schleifenförmigen Fahrbahnen bewegen, an deren Rand alle zwei Kilometer ein horizontaler Unterstand angebracht ist. In einem von diesen Unterständen ist jeweils eine Lenkwaffe untergebracht.

Der Feind kann nicht feststellen, welcher von den vielen Unterständen gerade durch eine Lenkwaffe belegt ist und welche leer sind. Er müßte alle 23 entlang der kreisförmigen Fahrbahn angelegten Unterstände treffen, um völlig sicher zu sein, die einzige Lenkwaffe zu zerstören. Neben diesen neuen Systemen wurden die bestehenden befestigten Silos, in denen Milliarden von Dollar investiert sind, beibehalten. Sie werden durch zusätzliche Panzer- und Betonschichten sowie durch elektrische Sensoren verstärkt. Die Sensoren sind dazu bestimmt, das ganze elektrische System der Abschußstellung und des Flugkörpers selber im Bruchteil einer Sekunde abzuschalten, um es gegen die elektromagnetischen Wirkungen einer sich in der Nähe ereignenden Nuklearexplosion zu sichern.

Befestigungen. In Befestigungen werden schwere Geschütze und heute auch Lenkwaffen unter starkem Schutz durch Stahl, Beton oder natürliche Felsen unter günstigsten Bedingungen aufgestellt. Dort ist es leicht, auch große Munitionsvorräte in nächster Nähe der Waffen zu lagern. Angesichts der Zerstörungskraft von nuklearen Waffen nimmt man heute an, Befestigungen, deren genaue Lage ja nicht geheimgehalten werden kann, seien in zu hohem Maße verwundbar. Deshalb verläßt man sich heute zum Schutz von Abschußplattformen und den darauf befindlichen Waffen fast ausschließlich auf hohe Beweglichkeit und häufigen Stellungswechsel. Diese Auffassung, die alle früheren Kriegserfahrungen über Bord wirft, könnte sich eines Tages als falsch erweisen, weil sie sich ausschließlich auf die modernsten technischen Lösungen gründet. Sie läßt außer acht, wie sehr in einem Krieg die Erzeugnisse der modernsten Technik der Zerstörung, der Abnützung und dem Verbrauch ausgesetzt sind. Sind sie einmal verbraucht, wird ein Krieg in eher konventionellen Bahnen fortgesetzt werden müssen.

DAS ZERSTÖRENDE MITTEL

Es ist nicht möglich, zu sagen, auf welchem Gebiet die Technik der beginnenden achtziger Jahre größere umstürzende Änderungen gebracht hat oder noch bringen wird – auf dem der Waffenträger im weitesten Sinn oder auf dem der Geschosse. Bei den Geschossen ist die herausragende Entwicklung – neben der gesteigerten Zerstörungswirkung – die Selbstlenkung. Mehr und mehr werden Geschosse mit einer Art eingebauter Intelligenz ausgerüstet, die es ihnen erlaubt, das Ziel selber zu finden.

Kernwaffen. Bei den Wiedereintrittskörpern, den

Sprengköpfen der ballistischen Missiles, ist das Erzielen genügender Sprengwirkung kein eigentliches Problem mehr. Sie kann in einem einzigen Geschoß zu solcher Größe gesteigert werden, daß eine weitere Erhöhung der Sprengkraft keinem vernünftigen Zweck mehr dienen würde. Eher steht die Konstruktion von Geschossen mit kleinerer oder variabler Wirkung im Vordergrund oder die Steigerung der Treffsicherheit. Die Lenkung ist in diesem Falle, da sie, wenigstens im Zielanflug, durch ein im Geschoß selber eingebautes Gerät vorgenommen wird, ein Teil des Geschosses, also des Zerstörungsmittels.

Beim amerikanischen MX, das die Nachfolge von Minuteman 3 antritt, wird durch die Trägheitssteuerung eine fünfzigprozentige Streuung von fünfzig bis hundert Metern erreicht. Das heißt, daß die Hälfte aller auf ein Ziel abgegebenen Schüsse in diesem Bereich niedergeht. Die sowjetische SS-19 erreicht eine fünfzigprozentige Streuung von dreihundert Metern, was bei den Schußdistanzen von Zehntausenden von Kilometern eine unwahrscheinliche Genauigkeit darstellt. Die amerikanische Trident, die aus Unterseekreuzern unter der Meeresoberfläche abgeschossen wird, soll mit Hilfe ihrer eigenen, auf einen Fixstern gestützten Navigation eine gleiche Genauigkeit aufweisen. Es sind unvorstellbare technische und wissenschaftliche Leistungen, die in diesen Navigationssystemen beschlossen sind.

Die MIRV, die unabhängig programmierten Mehrfachsprengköpfe, sind bereits erwähnt worden. Sie gehören zu den modernen ballistischen Missiles als eine Selbstverständlichkeit. Als größte Zahl von Sprengköpfen auf einem einzigen Träger gelten heute zehn. Es ist nicht einzusehen, aus welchem Grunde diese Zahl noch erhöht werden sollte.

Eine neuere Entwicklung befaßt sich damit, den nuklearen Sprengstoff so zu verändern, daß die Druck- und Hitzewelle der Explosion vermindert, dafür aber die Neutronenstrahlung verstärkt wird. Diese mit verstärkter Strahlung ausgerüstete Bombe wird Neutronenbombe genannt. Sie ist fähig, starke Deckungen, also auch etwa die Panzerplatten von Kampfwagen, zu durchdringen, ohne dabei große materielle Zerstörungen zu verursachen. Die Geschosse mit verstärkter Strahlung werden also eine große Gefahr für die Besatzungen von Panzerkampfwagen darstellen. Die Tatsache, daß sich diese Waffe in vermehrtem Maße gegen lebende Wesen richtet und auf materielle Zerstörungen verzichtet, hat eine starke Gegnerschaft auf den Plan gerufen, die vor allem mit dem Argument operiert, diese Waffe sei charakteristisch für ein materialistisches Zeitalter, in dem den Sachen vor dem Leben der Vorrang eingeräumt werde. Es handelt sich indessen nicht um weltanschauliche Fragen, sondern um einen Versuch, die nuklearen Geschosse für den Gebrauch auf dem Gefechtsfeld im engeren Sinne in ihrer Wirkung so einzugrenzen, daß sie gezielt verwendet werden können und nicht universelle Zerstörung in einem weiten Umkreis hervorrufen.

Die Neutronenwaffe wird, auch wenn die Widerstände groß sind, zuletzt doch in die Arsenale der Nuklearmächte kommen. Vor allem die Sowjetunion wird ihre Gegenpropaganda nur so lange betreiben, wie sie selber nicht über die Waffe verfügt, und sie dann einschlafen lassen. Bald dürfte die Munition mit verstärkter Strahlenwirkung so ausgestaltet sein, daß vor dem Abschuß zwischen stärkerer oder schwächerer Neutronenstrahlung gewählt werden kann – schwächere Druck- und Hitzewelle und dafür stärkere Strahlung oder umgekehrt stärkere Druck- und Hitzewelle und dafür schwächere Neutronenstrahlung. Es ist kaum nötig, hier zu betonen, daß die Beschreibung der neuen Waffenentwicklung nicht etwa ihre Rechtfertigung versucht. In diesem Buch wird die Nuklearbewaffnung auf dem Gefechtsfeld ebenso verurteilt wie die Nuklearwaffe im interkontinentalen Bereich und nach realistischen Möglichkeiten zu ihrer Abschaffung gesucht.

Auf dem Gebiet der Fliegerbomben ist bereits eine Lösung gefunden, die es möglich macht, das Verhalten des Geschosses vor dem Abwurf oder Abschuß zu beeinflussen. Die Bombe kann so eingestellt, gewissermaßen tempiert werden, daß sie entweder hoch in der Luft oder beim Aufschlag oder verzögert erst nach dem Auftreffen explodiert. Bei Nuklearbomben bestimmt das die Art der Zerstörungen und vor allem das Maß der Verseuchung und Fernwirkung durch die radioaktiven Abfallprodukte.

Da es der Technik gelungen ist, die Nukleargeschosse nicht nur zu vergrößern, sondern auch zu verkleinern, sind jetzt Artilleriegeschosse von so geringem Kaliber wie 155 Millimeter mit nuklearer Ladung möglich und sogar solche, die mehrere Sprengköpfe ausstoßen.

Alle diese neuen und neuesten Erfindungen sollen hier nur skizziert werden, um dem Leser einen Begriff von der stürmischen Veränderung, die im Bilde des Krieges vor sich geht, zu vermitteln. Jede Voraussage der Zukunft ist schwierig und ungewiß, soweit sie technische und kriegerische Vorgänge im einzelnen darstellen will. Das Geschehen im weitesten Rahmen kann eher beurteilt werden als die Einzelheit.

Sollte es zu einem Kriege zwischen Welt- oder Großmächten kommen, würden natürlich nicht nur die neuesten Erzeugnisse der Technik gebraucht. Waffen, die in den fünfziger Jahren erfunden und entwickelt worden sind oder noch früher, kämen mit ins Spiel. Sosehr die

Militärs oft von Neuem und Neuestem gefesselt werden, sollten wir diese Tatsache nicht aus dem Auge verlieren.

Unkonventionelle, exotische Waffen. In diesem geheimnisumwitterten Bereich der Forschung und Technik liegen vor allem die Geräte der chemischen und biologischen Kriegführung. Diese ist an sich durch das von über hundert Staaten, darunter den Weltmächten, ratifizierte Genfer Protokoll von 1925 über das Verbot des Gebrauchs im Krieg von erstickenden, giftigen und anderen Gasen und von bakteriologischen Kriegsmethoden untersagt. Vorsichtshalber werden aber trotzdem solche Stoffe hergestellt und zum Gebrauch bereitgehalten.

Wegen der besonderen Gefahr, die vom bloßen Herstellen und Lagern von biologischen Waffen ausgeht, wurden im Genfer Protokoll von 1975 die Fabrikation, das Lagern und der Gebrauch von biologischen Waffen verboten. Ein Hindernis gegen ihren Gebrauch liegt vielleicht weniger in den international vereinbarten Verboten als im Charakter dieser Kampfstoffe selber. Sie sind schwer lenkbar, und ihre Wirkung ist nicht mit Sicherheit zu umgrenzen. Bei solchen Kriegsmitteln kann nicht mehr zwischen der feindlichen Armee und der Zivilbevölkerung unterschieden werden. Sie würden also eher von einer gewissenlosen, völlig desperaten Partei angewendet, die vor nichts, also auch nicht vor der Vergiftung der eigenen Bevölkerung zurückschreckt. Solche Massenschlächter haben dann aber gewiß auch die Nuklearwaffe in ihrem Köcher, deren Wirkungen eher bekannt sind und die sie darum leichter gebrauchen könnten. Es ist deshalb unwahrscheinlich, daß Kriegführende wieder zum chemischen Krieg zurückkehren oder die Schrecken eines biologischen Krieges entfesseln.

Dagegen sind Brandmittel wie Napalm anwendbar und

in manchem Konflikt auch schon gebraucht worden. Eine weitere neue Waffe sind die Sprengstoffwolken. Sprengmittel werden in Gas- oder Tropfenform in der Luft verbreitet und explodieren dort. Laserwaffen, also Ströme gebündelten Lichts als Todesstrahlen, gibt es bereits: Man glaubt mit ihnen einst Reichweiten von Hunderten von Kilometern zu erzielen. Die Arbeiten an gebündelt ausgesandten Strömen oder Strahlen von Protonen und Elektronen sind schon weit fortgeschritten. Sie werden spätestens am Ende des Jahrzehnts zu den gebräuchlichen Waffen gehören. Wegen ihrer Kosten, ihrem Energiebedarf werden sie wahrscheinlich vor allem in festen Stellungen zur Abwehr von Lenkwaffen und zur Zerstörung von Beobachtungs- und Übermittlungssatelliten im Weltraum in Frage kommen.

Was für die Anwendung der modernsten nichtnuklearen Kampfmittel in einem bewaffneten Konflikt gesagt wurde, gilt in vermehrtem Maße für die exotischen Mittel: Die Hauptrolle werden immer die schon seit längerer Zeit bestehenden und bekannten, in großer Zahl in den Arsenalen eingeführten Waffen und Geräte spielen.

INFORMATION, BEFEHLSGEBUNG ÜBERMITTLUNG, C3

Die neuartigen technischen Möglichkeiten, die in den Dienst von C3 gestellt werden, gehören ebenso zur modernen Kriegstechnik wie die Waffen selber (C3 = Command, Control, Communications). Nur mit einem modernen C3-System können die modernen Waffen auch wirksam eingesetzt werden. Man sieht alles, weiß alles, kann alles zentral lenken. Das versichern die Fachleute der modernen Militärtechnik. Betrachten wir die Bilder und Meßwerte, die Forschungssatelliten selbst von fernen Gestirnen auf die Erde zurücksenden: Wir werden gewiß nicht daran zweifeln, daß alle Vorgänge auf unserem Planeten und in der ihn umgebenden Atmosphäre und Stratosphäre ständig überwacht und in den Hauptquartieren der Weltmächte dargestellt werden können. Damit wird es immer schwieriger, die Bewegungen und Standorte von Armeen, Luft- und Seestreitkräften und einzelnen Waffen zu verheimlichen; sie werden in einem nie dagewesenen Maße verletzlich. Aus der Gefahr entspringt auch die Abwehr. Durch Lichtstrahlen, elektromagnetische Emissionen, durch Ausstreuen von subatomischen Partikeln läßt sich das elektrische Auge des Feindes blenden und täuschen.

C3 an sich – also das Sammeln von Informationen, die Aufklärung, die Auswertung der Aufklärungsergebnisse, der Entschluß des Kommandeurs, der Befehl und seine Übermittlung und die Zurückmeldungen des Ausführenden –, alles das ist so alt wie das Kriegswesen überhaupt. Aber es gibt neue Mittel für diese dem Kriege notwendigen Funktionen, die immer vollkommener werden.

Zur Aufklärung dienen heute neben dem gebräuchlichen optischen und akustischen Erkennen die Technik von Radar, Laserstrahlen, wärmeempfindlichen Sensoren, Nachtsichtgeräten. Die Mittel der Aufklärung werden vom Boden, vom Flugzeug oder Schiff und von künstlichen Erdsatelliten aus eingesetzt. Zur Auswertung der Informationen dient die elektronische Datenverarbeitung (EDV), also der Computer als Hilfsmittel, das die menschliche Einsicht allerdings nicht ersetzen kann. Für eine moderne Armee oder die Armeen einer Allianz sind zahlreiche Rechenstellen größeren oder kleineren Ausmaßes vorgesehen, die miteinander ein Netz bilden, das ständig die Übersicht über alle Vorgänge auf dem Kriegsschauplatz ermöglichen soll.

Ein Übermittlungsnetz verbindet die eigentlichen Lieferanten der Informationen mit den Zentralen und diese mit den Streitkräften. Die Streitkräfte verfügen ihrerseits im engen Rahmen des Kampfraums über ein Übermittlungsnetz, das die einzelnen Frontkommandanten, ja sogar einzelne Waffen wie etwa Marschflugkörper oder unbemannte Flugzeuge und Schiffe erreicht. Als Mittel der Übermittlung dienen die Radiowellen, die von Antennen jeder Art und besonders auch durch dazwischengeschaltete Übermittlungssatelliten einander zugestrahlt werden. Zum Empfang der Botschaften der Satelliten sind Bodenstationen nötig, die für Kriegszwecke unverletzlich gemacht werden müssen. Das geschieht, indem ihre Zahl vermehrt, einzelne Stationen befestigt und gepanzert und andere beweglich gemacht werden. Ferner werden Netze von unterirdischen Kabeln verlegt, die sich mit neuen technischen Verfahren wie der Glasfaserkabeltechnik in ihren Leistungen vertausendfachen lassen.

Alle diese Netze können durch den Feind ausgespäht, abgehört, gestört und bekämpft werden. Eine kostspielige Technik ist deshalb ausschließlich darauf gerichtet, Abhören und Stören unmöglich zu machen und die Sender und Empfänger gegen elektrische Entdeckung zu schützen.

Von solchen C3-Netzen wird angenommen, sie würden es den in unterirdischen Zentren versteckten Oberbefehlshabern ermöglichen, weltweit Truppen zu verschieben und selbst Waffen zu lenken.

Der Weltraum wird in immer stärkerem Maße das Medium, in dem sich die Instrumente der Beobachtung und der Lenkung aller möglichen Waffensysteme entfalten. Zum Glück ist die Stationierung von Nuklearwaffen durch internationale Vereinbarung verboten. Ein zusätzlicher Faktor der Gefährdung ist damit ausgeschaltet, der besonders ernst zu nehmen wäre, weil hier die Möglichkeit technischen Versagens und menschlichen Irrtums so nahe liegt.

Die amerikanische Raumfähre weist indessen den Weg zu einer dichteren Bevölkerung der die Erde umgebenden Sphären mit vom Menschen geschaffenen künstlichen Organen.

Diese Kriegsmittel sind gegenwärtig im Auf- und Ausbau. Neben und mit dem Kampf der geschilderten Waffen wird also ein elektronischer Krieg geführt werden müssen. Aber wir wissen nicht, wieweit die Wunderwaffen und Wunderstrahlen beider Seiten sich gegenseitig in ihrer Wirkung aufheben. Wahrscheinlich werden auch im Schatten einer derartigen Kriegführung die primitiv anmutenden konventionellen Waffen und konventionelle Methoden von großer, wenn nicht sogar entscheidender Bedeutung bleiben.

* * *

Die hier vermittelte Übersicht über die kriegstechnischen Aspekte der achtziger Jahre ist weder eine Verherrlichung noch eine Rechtfertigung einer irregeleiteten Technik. Die Übersicht will lediglich die Umwelt zeigen und beschreiben, in der wir leben, die Umwelt, sofern sie die sicherheitspolitische Lage bestimmt. Eine deutliche Vorstellung der technischen Aspekte gehört nun einmal zu den Grundlagen eines Blickes in die Zukunft und der Betrachtungen und Erkenntnisse, die in diesem Buche festgehalten wurden.

Jede Schilderung von Waffen und Kriegsgerät und ihrer Wirkungen, die immer wieder betonen muß, wie ungeheuerlich und unabsehbar die Massaker und Zerstörungen wären, zu denen sie heute fähig sind, kann nur bestätigen, daß die Technik mißbraucht wird und sich die Mächte mit den falschen Waffen rüsten.

LITERATURÜBERSICHT

Die hier wiedergegebene Liste von Büchern und Zeitschriften gibt nur eine kleine Auswahl unter den Quellen, aus denen der Verfasser schöpfte. Sie verzeichnet vor allem neuere Werke, die Gedankengänge und Informationen enthalten, welche die in dem Buche gezogenen Schlüsse im positiven oder negativen Sinne beeinflußten. Der Leser wird das eine oder andere dieser Bücher zur weiteren Vertiefung in den Gegenstand mit Gewinn zur Hand nehmen. Die angeführten Zeitschriften vermittelten in allen ihren Jahrgängen des letzten Dezenniums eine Fülle unschätzbarer Informationen, ohne die das Buch nicht hätte geschrieben werden können.

Raymond Aron, *Paix et guerre entre les nations* (Paris 1962).

Bernard Brodie, *War and Politics* (New York 1979).

Alastair Buchan (Hrsg.), *Problems of modern Strategy* (London 1970).

Nigel Calder, *Nuclear Nightmares. An Investigation into Possible Wars* (New York 1979).

Sir John Hackett, *Der Dritte Weltkrieg, Hauptschauplatz Deutschland* (München 1978).

Louis J. Halle, *Der Kalte Krieg. Ursachen, Verlauf, Abschluß* (Frankfurt a. M. 1969).

B. H. Liddell Hart (Herausgeber), *The Soviet Army* (London 1956).

Hans Graf Huyn, *Fünf vor Zwölf. Die Welt nach Afghanistan* (Wien 1980).

Karl Jaspers, *Die Atombombe und die Zukunft des Menschen. Politisches Bewußtsein in unserer Zeit* (München 1958).

Hermann Kahn, *Eskalation. Die Politik mit der Vernichtungsspirale,* Einleitung von Helmut Schmidt (Berlin 1966).

Henry A. Kissinger, *The Troubled Partnerships* (New York 1965).

Homer Lea, *Vergessene weltpolitische Einsichten* (Zürich 1980).
Kenneth A. Myers (Herausgeber), *NATO. The Next Thirty Years* (Boulder, Colorado, 1980).
Richard Pipes (Herausgeber), *Soviet Strategy in Europe* (New York 1976).
John P. Rose, *The Evolution of U. S. Army Nuclear Doctrine 1945–1980* (Boulder, Colorado 1980).
Scientific American, *Arms Control* (San Francisco 1973).
W. D. Sokolowski (Herausgeber), *Militär-Strategie.* Deutsche Übersetzung aus dem Russischen der dritten, verbesserten und ergänzten Auflage (Köln 1969).
The International Institute for Strategic Studies, *The Military Balance 1980–1981* (London 1980).
The International Institute for Strategic Studies, *Strategic Survey 1979* (London 1980).
G. R. Urban (Herausgeber), *Détente* (New York 1976).
Lawrence A. Veit, *Economic Adjustment to an Energy Short World* (Paris 1979).
Steven J. Warnecke, *Uranium, Nonproliferation and Energy Security* (Paris 1979).

Zeitschriften
Foreign Affairs, Council on Foreign Relations (New York).
Foreign Policy, The Carnegie Endowment for International Peace (Washington, D. C.).
Radio Free Europe Research, RFE/RL (München).
Radio Liberty Research Bulletin, RFE/RL (München).
Survival, The International Institute for Strategic Studies (London).

Personen- und Sachregister